딥시커의 시대

딥시커의 시대

정보 과잉 시대의 생존법

초 판 1쇄 2025년 04월 10일
초 판 2쇄 2025년 07월 30일

지은이 이상호
펴낸이 류종렬

펴낸곳 미다스북스
본부장 임종익
편집장 이다경, 김가영
디자인 윤가희, 임인영
책임진행 김은진, 이예나, 김요섭, 안채원

등록 2001년 3월 21일 제2001-000040호
주소 서울시 마포구 양화로 133 서교타워 711호
전화 02) 322-7802~3
팩스 02) 6007-1845
블로그 http://blog.naver.com/midasbooks
전자주소 midasbooks@hanmail.net
페이스북 https://www.facebook.com/midasbooks425
인스타그램 https://www.instagram.com/midasbooks

ⓒ 이상호, 미다스북스 2025, *Printed in Korea*.

ISBN 979-11-7355-182-6 03330

값 19,500원

※ 파본은 구입하신 서점에서 교환해드립니다.
※ 이 책에 실린 모든 콘텐츠는 미다스북스가 저작권자와의 계약에 따라 발행한 것이므로 인용하시거나 참고하실 경우 반드시 본사의 허락을 받으셔야 합니다.

미다스북스는 다음세대에게 필요한 지혜와 교양을 생각합니다.

THE PERIOD OF DEEP-SEEKER

딥시커의 시대

정보 과잉 시대의 생존법

이상호 지음

미다스북스

작가의 말

'늑대가 피를 맛보는 순간'

밤이 깊어지고, 공기는 얼음처럼 차갑다. 며칠 동안 굶주린 늑대는 피 냄새를 맡고 미친 듯이 달려온다. 눈 속에 박혀 있는 얼음덩어리에 피가 묻어 있다. 그것을 핥기 시작한다. 차갑지만 달콤하다. **혀끝에서 희미한 짠맛이 느껴진다.** 이윽고 얼음이 녹으면서 숨겨져 있던 날카로운 칼날이 모습을 드러낸다. 하지만 늑대는 모른다. 혀가 살짝 베인다. 하지만 너무 차가워서 감각이 없다. 피가 흐른다. **늑대는 그 피마저도 핥아 먹는다.** 더 맛있다. 더 강렬하다. 점점 더 깊이 빠져든다. 그리고, 어느 순간 다리가 풀린다. 피를 너무 많이 흘렸다. 늑대는 힘없이 눈을 감는다. 그리고, 어둠 속에서 낯선 그림자들이 다가온다.

1) 처음엔 '달콤한' 피 냄새에 끌려 다가감

　　→ 스마트폰을 처음 접했을 때의 '흥미와 재미'

2) 얼음을 핥으며 점점 깊이 빠져듦

　　→ 끊임없는 영상과 SNS 속에 점점 빠져드는 모습

3) 혀가 둔해져 베이는지도 모름

　　→ 스마트폰 중독이 자아를 갉아먹어도 자각하지 못함

4) 자기 피를 마시면서도 멈추지 않음

　　→ 시간, 집중력, 감정을 갈아 넣고 있음

5) 결국 과다출혈로 쓰러짐

　　→ 정신적 황폐, 집중력과 창의력이 사라지며 삶이 피폐해짐

6) 그 후, 그들이 나타나 늑대를 거둬감

　　→ 사회는 이들을 이용하고, 남은 건 공허함뿐

"지금 당신은 스마트폰을 들고 있다. 당신이 보고 있는 이 화면이, 늑대를 사냥하는 얼음 칼은 아닐까? 당신의 시간과 집중력이 흘러나오고 있는데, 당신은 그게 당신의 것인지조차 모른다. 이제 묻겠다. 당신은 이미 너무 깊이 핥고 있지는 않은가?"

'개와 늑대의 시간'

하루가 저물어 간다. 태양은 지평선 너머로 사라지고, 세상은 붉게 물든

다. 당신은 길을 걷고 있다. 앞이 잘 보이지 않는다. 그 순간, 멀리서 무언가가 다가온다. 낯선 형체, 어둠 속에서 흐릿하게 보인다. 당신을 향해 걸어오고 있다. 개인가? 늑대인가? 당신은 한 걸음 물러선다. 어쩌면 당신이 아끼던 개일 수도 있다. 하지만 혹시 늑대라면? 어둠이 깔리기 시작하는 때에는 분간할 수 없다. 그 존재는 점점 가까워진다. 이제 선택해야 한다. 손을 뻗어 쓰다듬을 것인가? 아니면 도망칠 것인가? 하지만 늦었다. 이미 너무 가까워졌다. 눈앞에 서 있는 것이 개인지, 늑대인지 이제는 중요하지 않다. 당신은 이미 저녁놀이 지기 전, 대비했어야 했다. 우리는 스마트폰을 쥔 채, 저녁놀 속을 걷고 있다. 처음엔 단순한 즐거움이었다. 정보를 얻고, 소통하고, 세상을 더 쉽게 살아가기 위한 도구였다. 하지만 어느 순간, 우리는 깨닫는다. 이게 정말 나를 돕는 '개'였을까? 아니면 천천히 나를 집어삼키는 '늑대'였을까? 지금 당신이 손에 쥐고 있는 것이 무엇인지, 정말 알고 있는가?

知止(지지) 멈출 때를 아는 것

홍콩의 부호인 리자청의 집무실에 걸린 액자에 들어 있는 글이다. 멈출 때를 아는 사람은 무사할 수가 있다. 그러나 인간은 한번 속도가 붙은 호랑이 등에 올라타면 내리고 싶어도 내릴 수가 없는 상황에 직면한다. 디지털 기기에 융단폭격을 당하는 현실 속 사람들이 무참히 당하는 모습을 보고 있으면 마음이 무겁다. 멈출 때를 알아야 한다는 경고와 메시지가 무겁게 가슴에 와닿는다. 인간은 엄청난 내면의 잠재 능력을 머금고 태어난다.

하지만 이 문을 여는 일은 말처럼 쉬운 일이 아니다. 지금처럼 디지털 기기의 무차별 융단폭격이 온종일 이어지는 상황이라면 말이다. 지금은 그저 근근이 버티는 정도밖에 안 된다는 우려 섞인 한숨만 나올 뿐이다. 성인 ADHD 증상, 불안, 우울, 강박 증상, 수면 부족, 생각하는 능력과 배려하는 마음의 상실. 자신의 꿈과 목표를 상실하는 세상에서 디지털 기기는 어떤 의미가 있는 것일까? 디지털 기기에 목매고 살아가는 나약하고 빈곤한 정신의 세상에 짱돌 하나를 힘껏 던지며 외치고 싶어졌다. "인간을 우습게 보지 마라! 인간은 너희들의 노예가 되지 않는다!"라고 말이다. 매킨토시의 첫 컴퓨터가 미국에서 출시될 때의 광고는 지금 다시 봐도 충격적이다. 수많은 사람이 거대한 화면에서 연설하는 한 지도자의 말에 세뇌당한다. 모두가 같은 복장과 멍한 표정으로 바라보는 그 장면을 말이다.

스마트폰은 인간에게 축복일까? 저주일까?
A.I는 인간에게 정녕, 축복일까? 저주가 될까?

첨단의 기술과 편리함은 당사자가 어떤 생각으로 어떻게 사용하는지에 따라서 그 결과는 달라진다. 이 당연한 이야기 속에서 우리는 고개를 외면한 채 살아간다. 마치 타조가 머리를 땅속에 처박고서 눈앞의 위기가 사라졌다고 스스로 최면을 걸듯. 知止, 멈출 때를 아는 이의 앞날은 무사할 수가 있다. 달도 차면 기운다. 디지털 기기에의 우리의 반응과 대응은 악몽에 가까울 만큼 극단적인 형태로 흘러가고 있다. 이 책이 스마트폰의 노예가 되어버린 세상에 묵직한 짱돌이 되길 바란다. 그래서 얼어붙은 마음을 깨기를 바란다.

아울러, 이 책의 제목에 들어간 '딥시커'에 대한 이야기로 마무리하려 한다. '딥시커'는 현재 공식적으로 쓰이는 단어는 아니다. 하지만 의미상으로 보면 충분히 통하고 만들 수 있는 용어이다. 내가 생각하는 '딥시커'란, 스마트폰의 종속에서 벗어나 독서와 사색으로 깊은 사고의 힘을 기르는 사람이다. 그들은 본질을 탐구하고, 질문을 던지고 사색을 통해 자신만의 통찰을 추구하는 사람들이다. 스마트폰의 즉각적인 정보 소비에서 벗어나 깊이 있는 사고를 한다. 단순한 지식 습득이 아니라 본질을 꿰뚫는 사고력을 키우고자 한다. 그것은 바로 깊은 사고의 힘으로부터 온다. 이 책이 당신이 '딥시커'의 삶을 살아가는 데 보탬이 되었으면 한다.

작가의 말 004

서문 이 책을 읽는 독자들에게 012

손바닥 감옥에 갇힌 세상   Part 1

1	부처님 손바닥 안의 인생들	035
2	고슴도치의 사랑법	042
3	소통의 비밀, 오감에 있다. 오감 실종 세상	048
4	영화 〈접속〉, 그 낭만에 대하여	053
5	장자의 호접몽과 스크린의 늪에 빠진 사람들	060
6	쾌락 물질, 도파민의 노예가 된 이유	066
7	내국인 카지노가 정선에 있는 이유	072
8	'수면 빛 공화국'에서 벌어지는 일	076
9	특명! 내 인생의 라이언 일병 구하기	083
10	스마트폰 던지기 대회, 그 서글픈 현실	091

시간 강탈자들   Part 2

1 디지털 소음, 레밍의 무리 밖으로 나가라　　　　　099
2 검색만 하다 죽을 순 없어, 생각은 하고 살아야지　106
3 클릭의 유혹에서 사색의 온기로　　　　　　　　　112
4 알고리즘이 뭐래도 난 나대로 산다　　　　　　　　118
5 '좋아요'를 끄고 나를 켜다　　　　　　　　　　　　123
6 멀티태스킹을 멈추면 보이는 것들　　　　　　　　129
7 '검은 거울'에서 인정 욕구를 찾는가　　　　　　　136
8 알림중독, 그 달콤한 세이렌을 해고하라　　　　　141
9 유튜브가 뭐래도, 난 중요한 일부터　　　　　　　146
10 피드 넘기다 내 인생까지 넘길 순 없잖아　　　　152

고전의 숲에서 길을 묻다 　　　　　　　　　　　　(Part 3)

1 『노인과 바다』: 포기하지 않는 인생에서 배우다　　　　　　163
　　야성을 잃은 사람들, 다시 일어나 바다로 나가라

2 『그리스인 조르바』: 잃어버린 심장, 감성을 찾아서　　　　173
　　느끼지 못하면 죽은 것이다. 용기와 자유, 그리고 진짜 감정을 되찾아라

3 『달과 6펜스』: 가끔은 세상과 거리를 두라　　　　　　　183
　　내면의 소리를 따라서 지도 밖으로 행군하라

4 『월든』: 나만의 힐링 존을 찾아서　　　　　　　　　　　193
　　자신만의 동굴(안식처)을 찾아라

5 『임꺽정』: 무리 밖으로 벗어나라　　　　　　　　　　　　204
　　필살기를 갖춘 단독자로 살아가지 못하는 사람들에게

6 『유배지에서 보낸 편지』: 고독한 힘의 재발견　　　　　　219
　　혼자 있는 시간의 힘

7 5년간 오두막에서 몰입 독서를 한 캠벨: 손에 책을 들게 하라　　236
　　독서와 글쓰기라는 타이탄의 도구

후기　스마트폰을 그만두거나, 인간을 그만두거나　246

부록　아이와 어른을 위한 스마트폰 중독 해결책: 5단계 접근법　251

이 책을 읽는 독자들에게

"야! 강 대리!"

외마디 호통과 함께 마 부장의 손에서 날아간 서류는 강 대리의 얼굴을 거칠게 때린다. 그리고 사방으로 춤을 추듯 흩날린다.

"야! 너 이걸 보고서라고 쓴 거야! 앙!?
이걸 나보고 읽으라고? 어이가 없어서 참!"

얼굴이 사색이 된 강 대리의 표정. 그는 부서의 '미친개' 마 부장 앞에서 죄인처럼 고개만 푹 숙일 수밖에 없었다.

"왜 대답이 없어!?"

"죄송합니다. 부장님."

흥미로운 먹잇감을 잡았다는 듯이 마 부장의 입가는 잔인하게 춤춘다.

"강 대리, 난 말이야 네가 대리를 어떻게 달았나 늘 그게 궁금했어. 내가 늘 말했지. 생각하면서 일하라고! 여기가 봉사 단체인 줄 알아? 생각하면서 치열하게 살지 않으면 여긴 전쟁터가 아니라 그냥 지옥이라고! 지옥! 알아들어?!"

강 대리는 아무런 말도 할 수가 없었다.
살면서 오늘처럼 치욕스러운 날이 또 있었을까?
드라마에서나 보던 서류 따귀를 직접 경험하게 될 줄이야.

"우리 부서의 지각 대장도 강 대리 너라지? 그리고 업무 중에도 그 스마트폰으로 여러 개인기를 시연하시던데! 대체 무슨 생각으로 회사에 다니는 거야? 그럴 거면 때려치워! 앙?!"

입이 있어도 그 어떤 변명도 할 수가 없는 강 대리였다. 마 부장의 말대로 강 대리는 부서 내에서 입지가 좁았다. 그건 완전한 자기 관리의 실패였다. 잦은 근태 불성실과 스마트폰에 과도한 몰입은 주의력을 분산시키고 목적 없는 사람처럼 행동하게 했다. 자신이 이런 처지가 될 거라고 생각이나 했겠는가? 풍운의 뜻을 품고 입사한 회사에서 그는 누구보다 열심히 일을 해왔다. 그런데 몇 번의 실수를 저지르면서 그는 의기소침한 사람이 되어버렸다. 사람이 한번 무너지기 시작하면 걷잡을 수 없이 무너진다는 것을 강 대리는 알지 못했다. 도대체 어디서부터 잘못되기 시작한 걸까? 강 대리는 의기소침의 터널이 길어지자 회사를 퇴사하는 생각도 해보고, 될 대로 되라는 식으로 하릴없이 PC게임 속에 빠져들었다. 정신을 차려 보니 입사 초기의 독서도 열심히 하고 자기 계발도 열심히 하던 인간 강해도는 사라졌다. 그 자리엔 초라하고 나약한 남자만 있었다. 온종일 비관적인 생각만 이어졌다. 스마트폰의 노예가 되어 부정적이고 자극적인 것만 찾는 인간이 되었다. 바닥에 흩날린 서류를 줍는 강해도는 동료들의 시선이 따가웠다. 이젠 정말 여기서 더 이상 버틸 수가 없다는 생각이 들었다. 터져 나오려는 눈물을 겨우 참아내면서 마 부장에게 무겁게 고개를 숙이고 자리로 돌아갔다. 퇴근하는 지하철 안의 강해도는 처참했다. 오늘만큼 부끄럽고 견디기 힘든 모욕은 또 없었다. 그것은 마 부장에게 당한 그 일 때문만이 아니었다. 그건 자신이 보여온 그간의 결과에 대한 견딜 수 없는 부끄러움이었다. 이런 모습을 보이려고 이 회사에 들어온 것이 아니었다. 자기 관리의 중요성을 알고 있다고 생각했었다. 그런데, 어느 순간부터 무너지기 시작한 것은 이놈의 스마트폰에 온 신경과 시간을 빼앗겨 버린 탓이었다. 순간, 손에 쥔 스마트폰을 무섭게 노려보았다. 가랑비에 옷이 젖는 줄도 모르고 현실을 잊기 위해서 접했던 그 도피의 시간이 이런 참담한 결과를 만들어 버렸다.

"뽕~! 뽕~! 에이씨!"

어느 순간 정신이 들고 보니 옆에 앉은 젊은 샐러리맨에게 눈길이 갔다. 핸드폰 볼륨을 줄일 생각이 없어 보인다. 지하철이란 사실을 잊은 듯 게임 삼매경이었다. 자신의 과거를 보는 것 같아서 이글이글 분노가 치밀어올랐다. 그리고 그 모습이 어찌나 가소롭게 보이던지 참을 수가 없었다.

"저기요, 여기 지하철인 거 몰라요? 공공장소에서 뭐 하는 겁니까? 소리를 줄이거나 이어폰을 쓰세요!"

이크! 고운 말이 가지 않았으니 좋은 말이 올 리도 없다. 목소리에 은은한 기분 나쁨이 묻어났기에 상대의 반응도 그리 좋을 리가 없었다.

"소리도 그리 크지도 않은데 너무 과민한 거 아녜요? 남들은 이 정도에 신경도 안 쓰는데 괜히 시비를 거시네?"
"뭐? 시비? 뭘 잘했다고 따지고 들어요? 그냥 소리를 줄이면 될 것을!"

초반부터 언성이 높아졌다. 아차! 싶었지만, 이미 늦었다.

"저기요, 가는 말이 고와야 오는 말이 곱다는 거 아시죠? 제가 고운 말 하기 틀렸네요."

이렇게 말하는 상대를 보고서 강해도는 그제야 상황을 정리하려고 한결 부드러운 말투로 바꾼다.

"제가 신경이 날카로운 상태에서 게임 소리를 들으니 감정이 격해졌네요. 좋은 말로 건네지 못해서 미안합니다. 그래도 게임에 그렇게 시간을 낭비하는 것도 좋아 보이지는 않네요."

이크! 하지 않아도 될 말을 또!
상대방도 곧 반격한다.

"좋아 보이건 좋아 보이지 않건 그건 제 자유거든요. 그리고 이것도 일종의 '고도의 집중과 몰입'을 기르는 훈련이니까요!"

풋! 강해도는 어이가 없었다. 게임의 과몰입을 집중과 몰입을 위한 훈련이라니 얼마나 가소로운가?

"그건 몰입이 아니라 중독으로 가는 과정이라고 하죠!"

어쩐지 점점 더 일이 커진다.
상대방도 지지 않고 반격을 펼친다.

"고도의 집중과 몰입이라고요. 컴퓨터 게임이 인지치료에도 쓰이는 것은 아세요? 그리고 아이들이 스마트폰에서 집중과 몰입을 경험하는 것은 또 어떤데요? 아직도 구석기 시대 사고방식의 소리를 하는 사람이 있다는 게 놀랍네요!"

"뭐! 구석기?!"

발끈한 강해도는 자리에서 벌떡 일어나서 젊은이를 노려본다. 이크! 일이 더 커지려는 듯하다. 지하철 내의 사람들은 조마조마하게 이 상황을 지켜볼 뿐, 누구도 제지하려고 나서지를 않는다. 앉아 있는 젊은이도 지지 않으려는 듯한 조소 띤 표정으로 강해도의 시선을 맞받아치고 있다. 그 순간이었다. 두 사람 사이로 한 권의 책이 끼어들더니 '휘~휘~' 그 사이를 젓는다.

"자! 자! 두 분 그만하세요. 기분 좋게 집으로 돌아가는 퇴근 시간에 이 무슨 낭패스러운 일입니까?"

두 사람이 동시에 그 목소리의 주인공을 향해 고개를 돌린다. 50대가량의 중년의 남성이 미소 띤 표정으로 서 있었다. 마치 사거리의 막힌 차량 정체를 해결하려 나타난 모범기사처럼.

"게임 하는 건 본인의 자유지만 타인을 배려한다면 좀 더 좋았을걸요. 그 점이 아쉽네요. 그리고 말씀하신 대로 고도의 집중과 몰입이란 단어는 좀 더 생산적이고 건설적인 곳에 사용했으면 더 좋았을 텐데 그것 또한 아쉽네요. 게임에 지나치게 함몰되는 것은 몰입과 집중이라기보다는 과몰입으로 중독의 과정이라고 표현하는 게 더 맞겠네요. 그리고 먼저 제지하셨던 분 역시 좀 더 조심스럽고 정중하게 했더라면 좋았을 것을 그 점도 아쉽네요."

뜻밖의 중재자가 나타나자 두 사람의 말다툼은 거기서 일단락이 되고 말았다. 서로가 머쓱해진 표정으로 먼 곳을 바라보았다. 그리고 지하철은 제 갈 길을 열심히 달리고 있었다. 옆의 젊은이는 마지못해 무선이어폰을 꺼내 쓰고서 다시 게임에 빠져들기 시작했다. 그러나 강해도는 묘한 기분에 휩싸인 채로 건너편에 앉아서 아무 일도 없다는 듯이 반듯한 자세로 책을 읽고 있는 그 중년의 신사를 바라보았다. 그 모습이 참 이질적이면서도 멋있어 보였다.

'멋있다. 독서라? 맞아, 독서였지!'

문득 지하철 주변을 둘러본다. 모두가 고개를 처박고는 자신의 스마트폰에 열중이다. '다들 지금 무얼 하고 있을까? 뭘 하긴! 뻔하지. 저걸로 책을 읽겠어? 아니면 강의 영상을 듣겠어? 다들 게임이나 하거나 시답지 않은 남의 인생을 추앙할 목적으로 SNS의 늪에서 허우적거리고 있겠지!'라고 생각했다. 늘 보는 모습이지만 오늘 유독 이 광경이 더 초라해 보이고 우스워 보이는 것은 바로 눈앞에 한 사람이 책을 읽고 있기 때문이라고 느꼈다. 묘하게도 강해도는 그에게서 눈길을 뗄 수가 없었다.

'뭐 하는 사람일까?'

책을 읽는 사람에겐 기품이 있다는 것을 지금도 확인하게 된다.

"이번 역은 강남역입니다. 내리실 문은 왼쪽입니다."

정차 방송이 나오자 신사는 책을 가방에 넣고는 일어섰다. 강해도가 내릴 역은 아니나 이상한 일이었다. 저도 모르게 신사를 따라 강남역에서 내리려는 것이었다. 본인도 영문을 모를 일이었다. 내리는 문 앞에 서자 그제야 신사는 강해도를 보고는

"여기서 내리시나 봅니다."
라고 묻지만 강해도는

"아, 예… 뭐…."
라고 얼버무릴 뿐이었다.

지하철에서 내리자 강해도는 더 이상 안 되겠다 싶어서 앞에 가는 신사를 향해 말을 걸어본다.
"저기, 선생님. 잠시 실례하겠습니다."

신사는 돌아서서 강해도를 쳐다본다.

"예, 무슨 일이시죠?"

강해도는 무슨 말을 어떻게 하면 좋을지 몰랐다.

"아, 예, 저 다름이 아니라, 아, 맞다! 좀 전에 다툼을 말려주셔서 감사했습니다."

신사는 엉뚱하다는 표정으로 미소를 머금으며 강해도를 바라보았다.

"뭘요, 서로가 신경이 날카로울 때는 얼마든지 생길 수 있는 해프닝일 뿐인걸요."

강해도는 가슴에서 묻고 싶은 그 말을 꺼냈다.

"초면에 대단히 실례인 줄은 알지만, 선생님은 무슨 일을 하시는지요? 아, 다른 뜻이 있는 게 아니고 다들 지하철에서 스마트폰 삼매경에 빠져 있는데 너무도 편안하고 익숙한 모습으로 책을 읽으시는 모습이 신선하다 랄까, 뭔가 남달라 보이셔서요. 하하하."

강해도가 생각해도 자신은 지금 알 수 없는 말을 하고 있었고, 이 신사가 그런 자신을 또 어떻게 볼지를 생각하니 식은땀이 날 지경이었다.

"저는 이태산이라고 합니다. 글을 쓰는 일과 강연을 주로 하지요. 뭐, 작가라고 해두죠."

신사의 말이 끝나자 강해도는 별생각 없이 그의 말을 앵무새처럼 따라한다.

"아, 예, 작가이시군요. 엉! 아니! 뭐라고요? 작가님이시라구요? 그러니까 시나리오 쓰거나 책을 쓰시는 작가님이시란 말이죠?"

이태산 작가는 재미있다는 표정으로 강해도를 바라본다. 곧이어 잠시 손목시계를 바라보더니

"네, 뭔가 더 하실 말씀이 있는 것 같은데, 어쩌죠? 제가 곧 이곳에서 강연이 있어서 가 봐야 할 것 같습니다."

강해도는 목이 타고 긴장이 극에 달했다.

'안 돼, 꼭 이분께 도움을 받아야 할 것만 같아. 아, 어쩌면 좋지?'

"바쁘신 걸음을 막아서서 정말 죄송합니다. 초면에 염치 불고하고 부탁을 드리고 싶습니다. 지금이 아니라도 좋으니 제게 상담할 수 있는 시간을 주시겠습니까?"

라고 말하는 동시에 강해도는 자신도 모르는 사이에 이태산 작가를 향해 90도로 꾸벅 몸을 굽히고 있는 것이 아닌가? 그 순간 이태산의 눈에서 반짝하고 빛이 났다.

"아니, 아니, 왜 이러세요? 어서 고개를 드세요. 사람들이 다 쳐다봅니다. 허허."

강해도는 슬며시 일어서서는 뒷머리를 긁적이더니 이내 붉어진 얼굴을 두 손으로 감싼다. 그러나 무언가 말할 수 없는 간절함을 이 사람에게로 부딪히고 있다는 것은 느낄 수 있었다. 그것이 무엇이었을까?

"방금 말씀드렸다시피 제가 강연이 있어서 더 지체할 수가 없네요. 뭔가 굉장히 다급한 일이신 것 같은데 제 명함을 드릴 테니 내일 저녁에 시간을 내셔서 제 사무실로 와주세요. 그러면 되겠지요?"

그 말에 강해도는 함박웃음을 지으면서 연신 이태산 작가에게 고개를 숙였다.

"감사합니다. 정말 감사합니다. 작가님."

집에 도착한 강해도는 그날의 이상한 시간을 돌아보았다. 무언가 계시가 아니고서야 이런 강렬한 기분을 느낀 것은 우연은 아닌 것 같았다. 그리고 종이와 펜을 꺼내서 내일 질문할 내용을 하나하나 적어가기 시작했다. 마치 어린 시절 소풍을 앞둔 그때의 그 설렘을 다시 느끼는 듯했다. 그건 어쩌면 이제야 방향을 제대로 찾을지도 모른다는 어떤 막연한 희망이 있는지도 몰랐다.

　다음 날 아침이 되자 강해도는 정말 소풍을 떠날 준비를 하듯이 설레는 마음으로 출근 준비를 마치고 집을 나섰다. 이렇게 발걸음이 가볍고 콧노래가 절로 나오는 출근길이 과연 언제였던가? 자신도 놀랄 만큼 오늘 아침의 자신은 다른 사람이 되어 있었다. 오전 업무를 끝내고 점심을 먹고 나서도 강해도는 하릴없이 시계를 쳐다보고 또 쳐다보았다. 건너편 동료가 눈치를 채고서 한마디를 던진다.

"어이, 강 대리, 오늘 무척 들떠 보이는데, 혹시 숨겨둔 애인이라도 만나는 날이야?"

　그 말을 듣고서 강해도는 의미심장한 미소로 답한다.

"엉? 뭐야? 정말 애인이라도 만나는 거야? 이거, 이거, 어쩌려고?"

　여전히 미소를 보이며 강해도는 입을 열었다.

"숨겨둔 애인보다 더 귀중한 사람, 귀인을 만난 것 같아. 그래서 오늘 하루 무척 설레네."

"뭐야. 이거, 오늘 간만에 강 대리랑 소주 한잔할까 했더니, 원!"

"그 약속 잠시만 보류하지. 내 시원하게 한잔 사지."

퇴근 시간이 되자, 강해도는 기다렸다는 듯이 가방과 옷을 챙기고서 커다란 목소리로 "주말들 잘 보내세요!"라고 인사를 던지고서 서둘러 사무실을 나간다. 사람이 달라지면 먼저 주변 사람들이 놀라는 법이다. 다들 어리둥절한 표정으로 그런 강해도를 바라본다. 어제 받은 이태산 작가의 명함 속 건물 5층에 선 강해도는 크게 심호흡을 한번 하고서 힘차게 문을 열고서 들어갔다. 거기엔 수십 개의 의자와 강연을 위한 보드 판이 준비되어 있었다. 그리고 한쪽에는 사무를 볼 수 있는 책상이 놓여 있는 단출한 곳이었다. 문이 열리자 이태산 작가는 비로소 찾아온 손님을 향해 몸을 돌렸다. 그는 커피를 준비하는 중이었다.

"아! 오셨군요. 커피 드시죠?"라면서 눈을 찡긋해 보이며 반겼다.

강해도는 꾸벅 동의의 고갯짓을 하고서 이태산 작가가 안내하는 테이블로 향했다.

"아! 여기서 강연을 진행하시는군요."

"예. 오늘은 오전 강의와 오후 강의가 모두 끝나고서 이제 좀 한숨을 돌리려고 하는 중입니다."

"아! 이런, 쉬셔야 하는 시간인데 제가 불청객이 되어버렸습니다."

"아닙니다. 아니에요. 그렇게 용기 갖고 제게 노크를 해주셨는데 어찌 외면할 수가 있겠습니까? 그나저나 어떤 사연이신지 들어보고 나면 선생님의 고민과 문제해결이 또 제겐 좋은 글감과 강연의 재료로 사용될 수도 있으니 저도 도움이 되지요."

"그렇게 생각해주시니 감사합니다. 작가님. 정식으로 인사드리겠습니다. 강해도라고 합니다."

"자, 커피 한 모금 하시고 찬찬히 하시고 싶은 말씀을 하시면 됩니다."

그 말에 강해도는 어떤 편안함을 느꼈다.

"그럼, 어제의 다툼을 말려주시는 과정에서 비롯된 고마운 인연으로 여기며 여쭙겠습니다. 저는 입사를 하고 나서 나름 큰 포부를 안고서 출발을 시작했습니다. 직장 초년부터 누구보다 열심히 일하고 관련 공부도 최선을 다했습니다. 그런 노력으로 인정받고 여러 업무에 적극적으로 참여할 수 있는 기회가 주어졌습니다. 그런데 그게 독이었습니다. 너무 설친 탓에 주위의 눈총과 함께 실적이 나오지 않자 의기소침해지고 급기야 회사에 커다란 손실을 안기는 어이없는 실수를 저지르고 말았습니다."

이태산 작가는 조용히 고개를 끄덕인다.

"그렇게 한번 일이 어그러지니 모든 게 싫어지고 귀찮아졌습니다. 온종일 가시방석에 앉은 것처럼 눈치만 보였고, 내가 이 회사에서 제일 쓸모없는 놈 같아서 너무 괴로웠습니다. 그냥 회사를 때려치울까? 하는 생각으로 한동안 방황 아닌 방황도 했습니다. 그 과정에서 게임에 빠지자 모든 게 더 엉망이 되어버렸습니다. 주의집중은 최악의 나락으로 떨어졌고 악순환의 연속이었습니다. 회사에서는 눈치를 주면서 압박을 어찌나 하던지요."
"심적으로 힘든 시간을 보내셨겠군요."

이태산의 위로에 강해도는 고개를 숙이면서 말한다.

"정말 그때는 도대체 어떻게 그 시간을 보낼 수가 있었는지 모를 만큼 힘든 시간이었습니다. 수면제가 아니면 잠들 수가 없고, 아침에 눈을 뜨기도 괴롭고 그러다 게임에 빠져서는 아침까지 그러고 있다가 세수만 하고서 회사로 나가는 나날들이었으니 말 다 한 거죠."
"그래서 지금 가장 원하는 바는 뭘까요?"
"저는 과거의 저로 돌아가고 싶습니다. 솔직히 말씀드려서 지금 제가 하루 동안 스마트폰에 집착하는 시간은 너무도 심각합니다. 예전의 집중력 좋고 몰입도가 뛰어나던 그때의 자신으로 돌아갈 수만 있다면 뭐든 하겠습니다."

이태산 작가는 뭔가를 골똘하게 생각하는 듯하더니 이윽고 입을 열었다.

"이런 문제를 겪고 어려움을 호소하는 사람들이 많습니다. 스마트폰에 의해 삶이 뒤죽박죽이 된 사람이 너무 많아요. 참 안타까운 일이죠. 저도 얼핏 그럴지도 모른다는 생각은 했었습니다만, 결국 그 예감이 맞았군요."
"작가님, 이런 저도 다시 잘 해낼 수 있는 기회가 있겠죠? 이대로 바보같이 살 수는 없습니다. 제게 방법을 알려주시면 시키는 대로 따라 하겠습니다."

강해도는 자신의 절실함을 이태산 작가에게 숨김없이 드러내었다. 그만큼 마음이 깊은 상처로 헤집어진 상태였다. 얘기를 듣고서 이태산 작가는 두 손을 모으면서 강해도의 눈을 바라보며 입을 열었다.

"자, 제 생각을 말해보겠습니다. 음, 이 문제는 비단 강해도 씨만의 문제가 아닙니다. 아이들부터 어른까지 무차별적인 디지털 문명의 폭격으로 우리는 심각한 내상을 입고 있습니다. 중요한 것은 지금 우리의 삶에서 아날로그와 디지털의 균형에 대해서 생각해 볼 때라는 것입니다."
"아날로그와 디지털의 균형요?"

"예. 그렇습니다. 아마도 그 비율은 10 : 90으로 무참하리만큼 한쪽으로 치우쳐져 있지 않을까요? 자연의 법칙으로 보아도 한쪽이 비대하게 커지면 결국 문제점이 불거지게 되어 있죠. 우리의 하루를 가만히 들여다보면 어떤 기분이 드는가요? 디지털 기기의 집착으로 무너진 균형에서 오는 문제점은 여러 가지가 있습니다. 불안, 우울, 집중과 몰입의 방해, 수면 방해, 시력 감퇴, 손목 터널 증후군, 거북목, 건강의 적신호 그리고 걸음걸이의 무너짐, 사고의 빈곤 등. 이대로는 너무도 위험한 상태가 아닐 수가 없습니다. 그렇다면 이를 해결할 방법은 없을까요? 균형을 다시 맞춰야 합니다. 균형을 맞추기 위해서는 디지털 사용을 극단적으로 줄이고 아날로그의 세상으로 향해야 합니다. 저는 이걸 아날로그의 월든 숲으로 향하는 시간이라고 말하지요. 그렇지 않으면 미래에 더 큰 재앙이 생길 것 같은 불길한 마음이 듭니다."

"아날로그의 월든 숲이요?"

강해도는 '월든'이라는 단어를 처음 들었다.

잠시 숨을 고르듯이 이태산은 커피잔을 입에 가져다 댄 후 강해도를 부드럽게 바라보면서 말을 이어간다.

"음, 쉽게 야구에 비유해 들어볼까요? 실전 연습 타격이라고 아시죠? 타석에 들어선 선수는 날아오는 공을 향해 배트를 휘두르죠. 마운드 위의 투

수가 던지는 직구와 함께 여러 가지 변화구를 상대해야 하죠. 타자로서는 직구가 가장 때리기 편합니다. 직구는 변화 없이 곧바로 날아오죠. 그런 공일수록 정타로 때려내기도 쉽고 손맛 보기도 쉬우며 자신감도 금방 붙죠. 반면, 변화구란 녀석은 어떨까요? 일단, 까다롭죠. 거기다가 종류는 또 얼마나 많아요? 커브, 슬라이더, 체인지업, 투심, 포크볼 등 구질의 종류도 10여 가지가 넘죠. 변화구는 때려내기가 쉽지 않습니다. 빗맞히기 일쑤죠. 그래서 타자에게 위기의 순간에 범타와 헛스윙을 유도하기 위해 변화구를 적극적으로 구사하는가 봅니다. 당연히 변화구는 직구처럼 손맛을 보기가 힘들죠. 때려내는 재미가 없으니 타자로서는 당연히 직구만 선호하게 됩니다.

만약 타자가 연습 타석에서 직구만 연신 때려내며 손맛을 보며 '난 변화구는 포기하고 직구만 승부하겠어!'라고 한다면 좋은 타자가 될 수 있을까요? 그는 편식하는 야구선수가 됩니다. 찬스의 순간에 변화구에 헛스윙으로 물러나게 되겠죠. 좋은 타자는 까다로운 변화구에도 참을성을 갖고 대처하는 연습을 합니다."

잠시 숨을 고르듯이 커피잔을 든 이태산은 다시 말을 이어간다.

"우리 인생의 야구 게임에서도 직구(스마트폰, PC, TV)에만 걸신들린 듯이 집중하고(정확히 집중도 아니지만) 빠져 있지는 않은가요? 편하여서 의지하고 있는 거지요. 우리 삶의 변화구(독서, 글쓰기, 운동, 사색)에는 일절 손을 대려고 하지 않고 있습니다. 디지털(직구) 대 아날로그(변화구). 이 둘은 극명한 색채를 가지고 있고 상호보완이 안 되면 스스로 자립이 어렵습니다. 내면이 부실한 사람들, 인성이 무너지고 인내할 줄 모르는 아이들, 깊이 사고하지 못하는 도마뱀 뇌가 되어가는 사람들이 얼마나 많습니까? 직구만 탐닉한 결과라고 말하면 과장일까요? 손쉬운 직구만 때려본들 뭐가 남을까요? 결정적인 변화구 대처 능력이 없으면 인생의 타율은 하락합니다. 지금부터 제가 강해도 씨에게 우리가 왜 이 편안한 직구의 삶만 살게 되었는지, 그리고 그런 삶이 얼마나 위험한지와 함께 그럼 앞으로 어떻게 살아야 하는지를 말씀드릴까 합니다. 어때요? 괜찮겠습니까? 이 과정들은 제가 책으로 만들어내려고 준비해온 자료이기도 합니다. 이 내용을 누가 가장 먼저 들을까 궁금했는데 이렇게 강해도 씨가 1호 주인공이 되셨네요. 허허. 저는 이 이야기에서 우리 현대인들을 엄청난 내면의 능력을 지니고는 있지만 어느새 이 디지털 문명의 부작용으로 눈이 멀어버린 거인으로 보고 있습니다. 부디 이 이야기를 통해서 강해도 씨는 눈을 뜨는 거인이 되셨으면 좋겠습니다. 그리고 주변의 소중한 사람들의 눈도 뜰 수 있게 도우세요. 제가 바라는 것은 그것뿐입니다."

"네! 벌써 기대가 되고 새로 태어나는 기분입니다. 열심히 듣고 제 삶에 적용해서 새로운 삶으로 만들어 가도록 하겠습니다."

"허허, 의욕이 대단하시네요. 자, 그럼 이야기를 시작해볼까요?"

THE PERIOD OF DEEP-SEEKER

Part 1

손바닥 감옥에 갇힌 세상

부처님 손바닥 안의 인생들

"하늘이 장차 사람에게 큰 사명을 주려 할 때는 반드시 먼저 그의 마음과 뜻을 흔들어 고통스럽게 하고 궁핍하게 만들고 하고자 하는 일을 흔들고 어지럽게 하나니 그것은 타고난 작고 못난 성품을 인내로써 담금질하여 하늘의 사명을 능히 감당하도록 역량을 키워주기 위함이다."

— 『맹자』

하늘은 인간을 내기 전 반드시 쓰임에 맞는 계획이 있으니 의심하지 말라. 한때의 고난과 어려움을 능히 견뎌내고, 버텨내야 한다. 그래야 비로소 세상을 담을 만한 큰 그릇의 위인이 된다는 맹자의 가르침이다. 그런데 지금 시대에도 맹자의 이 가르침은 유효한 걸까? 디지털 기기의 영향으로 우리는 도무지 집중하고 인내하지 못한다. 현대인들이 맹자의 가르침대로 큰 그릇을 만들고 위대한 삶을 살고자 한다면 현대 버전으로 글을 좀 손을 대야 할 것이다.

"하늘이 장차 사람에게 큰 사명을 주려 할 때는 반드시 먼저 (네이버)에서 탈퇴시키고, (카카오톡) 계정을 삭제하고, (페이스북)을 차단하며, (컴퓨터)를 없애고, (스마트폰)을 빼앗고, (아이패드)마저 버리고, (와이파이)를 끊고, (인터넷 연결선)마저 잘라버려 아무것도 의존할 것 없게 만들어야 한다. 그런 후 조용히 자신을 성찰하고 심신을 단련하고 책을 가까이하며 지혜를 키우며 때를 기다린다면 반드시 큰 인물이 될 것이다."

– 『8,760시간』 中 각색

장면 #1. 한 뼘 손바닥 안에 갇힌 사람들

지하철 풍경이 심상치가 않다. 예전엔 다들 손에 뭐라도 읽을거리라도 쥐고 있었으나 지금은 스마트폰이 그 역할을 대신하고 있다. 모두가 손안에 모셔진 스마트폰 앞에서 엄숙한 표정을 짓고 있다. 그런 지하철 안은 뭔가 씁쓸하다. 이제는 지하철 내에서 책을 읽는 사람을 보기가 힘들어졌다. 얼마 전 지하철에 아이와 함께 탄 엄마가 자신은 종이책을 읽고, 아이에게는 스마트폰을 건네주는 모습에 경악을 금치 못했다. 우리는 일상에서 스마트폰으로 주로 무엇을 하는 것일까? 넌지시 들여다보면 대개는 게임, SNS, 유튜브, 검색에 대부분 시간을 소비하고 있다. 불행히도(?) 우리 주변에는 유혹 거리가 넘쳐나는 세상이다. 필자의 어린 시절 딱지치기, 구슬치기, 술래잡기 등의 그 설레고 즐거웠던 놀이를 떠올린다. 그때와 달리 지금 시대에의 아이들의 마음은 스마트폰, 태블릿, 컴퓨터로 향해 있고 그것들로 채워져서 살아가고 있다.

장면 #2. 부처님의 손바닥 안을 벗어나지 못한 이유는?

중국의 4대 기서(奇書) 중 하나인 『서유기』. 거기에는 화과산 원숭이들의 왕으로 군림하는 돌 원숭이가 요술을 익혀 근두운을 타고 다니며 이름을 날린다. 그는 급기야 천상에서 온갖 사고를 저지르고 다니다 옥황상제에게까지 싸움을 거는 그야말로 간 큰 돌 원숭이였다. 이 원숭이의 기세에 눌린 옥황상제가 어쩔 수 없이 석가여래에게 도움을 청하게 된다. 석가여래는 돌 원숭이에게 "나의 손바닥을 벗어날 수 있겠느냐?"라며 내기를 제안하고, 기세등등한 원숭이는 근두운을 타고 '빛의 속도'로 날아 다섯 개의 기둥이 있는 곳에 당도한다. 그는 이곳을 '이 세상의 끝'으로 알고 오줌을 싸 놓고 돌아오지만, 그 기둥들은 다름 아닌 석가여래의 '다섯 손가락'이었던 것이다. 여기에서 '뛰어봤자 부처님 손바닥 안'이라는 말이 나온 것이다.

내기에서 진 원숭이는 석가여래의 손바닥에 깔려 꼼짝도 못 한 채 '500년 동안'이나 바위산 아래에 갇히게 된다. 삼장법사의 구원이 있기까지 말이다. 그런데 현실의 우리 또한 이 스마트폰의 손바닥을 평생 벗어나지 못한 채, 첨단기기의 바위산(스마트폰)에 깔려 사는 게 아닐까? 우리는 과연 무엇을 놓치고 살고 있을까? 요람에서 무덤까지 이 바위산에 지배당하는 운명은 아닐까? 라는 생각을 차마 지울 수가 없다.

장면 #3. 유혹의 바다를 건너서

그리스 작가 호메로스의 『오디세이아』라는 작품이 있다. 주인공인 오디세우스가 10년간의 '트로이 전쟁'을 끝내고 고향으로 돌아가는 길에 세이렌이라는 요정이 사는 바다를 건넌다. 이 세이렌은 아름다운 노래로 선원들을 유혹하여 바다로 뛰어들게 한다. 그 사실을 전해 들은 오디세우스는 출항 전, 부하들의 귀를 밀랍으로 봉하게 하여 세이렌의 노래를 듣지 못하게 조치한다. 그러나 정작 오디세우스 자신은 세이렌의 노래가 너무도 궁금하여 몸을 갑판 기둥에 꽁꽁 묶게 하고서 누구도 이 밧줄을 풀지 말라고 이른다. 너무도 그 유혹의 실체가 궁금해서 안전장치는 준비했다. 그러나 세이렌의 아름다운 노래를 듣게 되자 이성을 잃고 만다. 오디세우스는 몸부림을 치면서 당장 밧줄을 풀라며 울부짖는다. 그러나 밀랍으로 귀를 봉한 부하들은 들을 수가 없다. 그렇게 위기의 바다에서 무사히 벗어난다는 내용이다.

돌이켜보면 디지털 미디어의 세상, 그중에서도 강력한 스마트폰이라는 세이렌의 유혹자에게 인생을 저당 잡힌 채 살아가고 있는 것은 아닐까? 우리는 이 세이렌에게 침실과 화장실, 심지어 식사 중에도 두 눈을 떼지를 못한다. 완벽한 '통제 불능'의 상태가 되어 버린 것이다. 스마트폰은 그야말로 '양날의 검'이 되어버렸다. 잘 사용하면 '득(得)'이 되고, 잘못 사용하면 '독(毒)'이 되니 말이다. 문제는 이 스마트폰의 폐해가 금방 드러나지 않는다는 점이다. 마치 방사능과 같이 아주 서서히 우리의 몸과 정신을 갉아먹어 간다. 인류가 만든 최강의 발명품을 '인터넷'과 '스마트폰'이라 하는가? 스마트폰 탄생의 일등 공신인 스티브 잡스는 과연 앞으로도 계속 인류에게 존경받는 인물로 기억이 될까? 어느 학부모의 스마트폰을 만든 스티브 잡스를 저주한다는 그 하소연이 예사롭지 않게 들린다. 왜 그런 말을 하는지 수긍이 가는 요즘이다. 수많은 스마트폰 중독자들을 양산해내는 이런 어처구니없는 현실을 들여다보니 말이다.

모든 사물에는 장점, 단점이 공존한다. 그리고 그 결과에 대한 책임은 온전히 우리 스스로가 지는 것이다. 그러나 디지털 기기와 관련하여 심히 걱정스러운 것은 기기 고유의 중독성으로 인한 상황이 심각하다. 그로 인해 우리의 정신세계는 나날이 병들어 가고 있다는 것이다. 이에 대해서 누구에게 책임을 물을 것인가? 시간이 갈수록 전 세계적으로 이러한 중독자들이 늘어가고 있고, 그 부작용은 만만치 않을 것이다. 현대인 중 스마트폰을 사용하지 않을 수 있는 사람이 얼마나 될까? 드물 것이다. 아니, 그건 불가능하다. 그러나 우리는 현명하고 올바른 방법이라도 알아야 이 세이렌이 득실거리는 유혹의 바다를 안전하게 항해를 할 수가 있지 않을까?

세이렌에게 치명적인 요소가 있으니 이 부분을 우린 간과하고 있다. 그것은 바로 '중독성'이다. 이 중독성을 제대로 이해하지 못한다면 우리의 삶은 영리하게 살아가기 어렵다. 중독성이 우리의 삶을 서서히 잠식해 나가듯 우리를 이 손바닥 감옥 안에서 벗어나지 못하게 될지도 모른다.

#. 전갈이 강을 건너고자 했으나 방법이 보이지 않았다. 마침 개구리가 보였다.

"개구리야, 나 좀 태우고 강을 건너 줄래?"

"싫어, 넌 독침으로 날 찌를 거잖아."

"아냐, 내가 널 찌르면 같이 가라앉을 텐데 내가 왜 그러겠니? 그러지 말고 좀 날 태워줘."

그 말을 듣자 개구리도 그럴듯하여 전갈을 등 뒤에 태운다. 강을 절반쯤 지나자 전갈의 꼬리(본능)가 꿈틀거리기 시작했다. 개구리의 뒤통수를 보자 충동적으로 찌르고 싶었던 것이었다. 그러나 전갈은 애써 참아냈다. 그러나 결국 자신의 본능을 이겨내지 못하고 그만 개구리의 뒤통수를 독침으로 찌르고 말았다. 개구리가 천천히 의식을 잃어가면서 말했다.

"왜? 어째서? 찌른 거야?"

"나도 어쩔 수가 없었어. 이게 내 본능인걸…."

스마트폰에 빠져든 우리는 마음만 먹으면 이것을 통제하고 계획 하에 놓고 사용할 수가 있다. 전갈처럼 본능으로만 지배당하는 게 아니기 때문이다. 우리 안에는 자유의지로 이 위기를 극복할 힘이 있기 때문이다.

고슴도치의 사랑법

'고슴도치의 사랑법'을 들어 본 적 있는가? 이는 살면서 모든 부분에서 일정한 거리를 유지하는 삶의 지혜를 전할 때 쓰는 말과도 같다. 고슴도치 한 쌍이 매서운 한겨울의 추위를 견디다 못해 서로의 체온을 느끼기 위해서 가까이 다가간다. 그러면 어떻게 될까? 단번에 서로의 가시에 찔려서 '화들짝' 놀라서 다시 멀어지게 된다. 그러나 이내 다시 추위에 서로에게 다가서게 된다. 이렇게 서로의 가시에 찔려서 멀어지고 다시 추워서 가까워지는 상황이 반복된다. 그러면 얼마 후에는 '적당한 거리'를 유지한다. 서로의 가시에 찔리지 않고서 서로의 온기를 느낄 정도로 말이다. 이는 인간관계를 건강하게 유지하는 비결로서 자주 활용되는 이야기이다. 살면서 모든 부분에서 적정한 거리를 유지하는 법을 배워야 함을 느낀다. 지나침은 부족한 것만 못한 법이다. 이는 우리가 디지털 세상을 살아가는 데에도 그대로 적용된다. 우리는 스마트폰을 너무도 사랑한 나머지 우리의 인생까지 팽개치고서 곁에 두고 애착을 보이지 않는가? 아무리 좋아하고 사랑하는 것이라도 지나치게 가까이하면 반드시 그 부작용은 나타나게 되어 있다. 필자는 이 스마트폰에의 우리의 지나친 관심을 경계하지 않으면 위험하다고 생각한다. 고슴도치처럼 적당한 거리를 유지하지 못한다면, 우리의 삶에 치명적인 상처를 유발할 부메랑이 되어서 돌아온다고 생각한다. 이 책을 읽는 여러분도 매일 스마트폰을 몸에서 떼지 못하고 몸의 일부로써 살아가고 있을 것이다. 혹시 가족보다 긴 시간을 스마트폰과 함께 하고 있지는 않은가? 만약, 내가 스마트폰을 달고 사는 당신의 수명이 무섭게 줄어들고 있다고 말한다면 어떤 기분인가? 스마트폰을 사용하는 데 수명이 줄어든다고? 무슨 뚱딴지같은 소리냐고, 반문할지도 모르겠다. 그 이야기를 하기 전에 우선 우리의 일 평균 스마트폰 사용량을 보자.

'10대는 하루 평균 3시간 13분을 사용.'

'20대는 모든 나이를 통틀어 스마트폰을 가장 많이 사용하며, 평균 사용 시간은 4시간 9분.'

'30대는 하루 평균 3시간 25분을 사용.'

'40대는 하루 평균 2시간 49분으로 조사됐다.'

'50대의 경우 가장 작은 사용 시간인 1시간 14분으로 조사됐다.'

위의 조사 결과를 보면 어디까지나 평균 사용 시간을 말하고 있을 뿐이다. 우리는 대부분 이 시간을 넘어설 만큼 심각하게 스마트폰을 사용하고 있다. 이 자료를 토대로 본다면 대부분은 하루 3~4시간은 평균적으로 스마트폰을 들여다보면서 시간을 보내고 있다. 하루 중 3~4시간은 그다지 많은 시간이라고 느껴지지 않을지 모른다. 그러나 이것을 1개월로 계산해보면 무려 90~120시간이 된다. 연간으로 계산해보면 1,080~1,480시간이 된다. 결국 연간 '45일~61일'을 스마트폰을 사용하는 것이다. 우리는 이 소중한 시간에 1년 중 1달~2달을 스마트폰 속에서 허우적거리면서 생활하는 것이다. 어째서 돈보다 귀한 시간을 이리도 허무하게 사용하고 있는 것일까? 만약 이것을 1년이 아니라 우리의 일생으로 확대해보면 어떻게 될까? 이는 인생의 평균 10% 이상을 이 스마트폰 화면을 들여다보고 있다는 얘기가 된다. 본래의 편리한 도구로서의 스마트폰이 우리의 귀중한 시간을 빼앗고 삶의 성장을 가로막는 것이다. 이는 간과할 수 없는 위험한 일이다. 한 인간의 생명과 가치를 우리는 어디서 받은 것일까? 우리의 소중한 목숨과 가치는 하늘로부터 받은 것이다. 결코 스마트폰 따위에게 받은 것이 아니지 않은가? 어찌 인간의 충실한 도구인 기계 따위에게 우리의 소중한 시간과 인생을 이토록 빼앗기고 살아간단 말인가? 이것이 스마트폰을 사용할수록 우리의 수명을 갉아 먹는다고 말하는 근거이다. 우리의 귀한 인생의 10%를 스마트폰의 스크린을 보면서 보낸다. 이 사실을 이 책을 읽는 여러분은 어떻게 받아들일지 궁금하다.

교황도 이러한 디지털 기기의 의존에 우려를 나타낸 적이 있다. 교황은 우리의 삶은 시간으로 이뤄져 있고, 시간은 신이 준 선물이니 선하고 유익한 일에 써야 한다고 강조했다. 많은 젊은이가 쓸데없는 일에 너무 많은 시간을 낭비한다고 말이다. 인터넷과 스마트폰 채팅, TV 드라마 시청, 첨단 제품 이용 등의 사례를 들었다. 사람들과 따뜻한 관계망이 이루어지기 위해서는 디지털 미디어 세상에도 반드시 균형과 유연한 자세가 필요하다. 자신의 스마트폰 사용이 지나치다고 느끼고 있다면 오늘 하루 동안만이라도 스마트폰을 꺼두는 것은 어떨까? 그게 어렵다면, 잠시 내게서 떨어뜨리는 정도라도 해 보자.

현대인들은 3분에 한 번씩 휴대전화를 만지는 등 잠시도 참지 못하는 '초미세 지루함'을 느끼고 있다. 또한, 스마트폰의 전원이 꺼지거나, 잃어버리기라도 하면 극심한 스트레스와 불안을 느끼는 '노모포비아'도 증가하고 있다. 심각하게 스마트 기기에 중독이 된 것이다. 디지털 문명이 만들어 낸 또 다른 문제점은 바로 서로 대화하지 않게 된 것이다. 오랜만에 친구들을 만나지만 대화다운 대화를 나누기보다 모두 자기의 스마트폰만 들여다보고 있는 광경은 이젠 아주 흔한 일상이 되어버렸다. 가족들과의 관계에서도 마찬가지이고 애인끼리도 각자 스마트폰을 들여다볼 뿐이다. 그 속에 우리는 없고, 스마트폰과 가상의 관계만이 있을 뿐이다. 이러한 디지털 세상에 갇힌 채 교감과 공감을 잊은 이런 모습을 '행복'이라고 부르는 이는 없을 것이다. 결국, 이런 문제점이 사람과 사람 간을 다시 잇고자 하는 '디지털 디톡스' 운동으로 퍼지는 게 아닐까? 디지털 기기의 노예가 되지 않는 것은 한 사람의 미래를 위해서도 대단히 중요한 자기 관리이다.

그럼, 디지털 기기와 적당한 거리를 유지하기 위해서 어떤 방법을 쓰면 좋을까? 가장 대표적인 방법이 아날로그 취미 갖기이고, 이것은 훌륭한 대안이 될 수 있다. 디지털 기기를 내려놓고 혼자만의 시간을 즐기고, 같은 취미를 가진 사람들과 만나서 정보를 공유하는 것이다. 운동과 독서, 명상 등을 통해 몸과 마음을 건강한 상태로 회복하는 것도 정화 효과가 있는 디지털 디톡스다. 스마트폰을 잘 보이지 않는 곳에 두는 것도 디지털 디톡스의 한 방법이다. 스마트폰이 보이면 습관적으로 확인하게 된다. 되도록 일상에서는 스마트폰을 가방 깊숙한 곳에 숨겨놓고 진동 모드로 만들어 놓는 게 중요하다. 본격적인 디지털 시대의 문을 연 애플사의 스티브 잡스도 디지털 기기보다 산책하며 사색을 즐겼다고 한다. 그리고 그의 가족들은 집에서 디지털 기기 사용을 엄격하게 통제했다. 왜 그런 걸까? 그들은 알고 있는 게 아닐까? 자신들이 만든 이 첨단기기가 인간의 시간과 주의를 빼앗아 가고 수명마저 갉아먹고 있다는 그 사실을 말이다. 과연 누구를 위한 첨단기술인가?

#. 고슴도치의 사랑법처럼 우리는 지혜롭게 이 디지털 기기와 어울리고 있는가? 조심하라! 너무 가까이 다가가면 이 디지털 기기의 가시에 찔려서 힘들어할지도 모른다. 뜨겁지도 차갑지도 않은 건강한 거리두기, 혹은 디지털 디톡

스의 시간은 그래서 매번 현명하고 필요하다. 서로가 서로에게 지나친 관심과 그 관심이 때론 비방으로 변하지 않기 위해서라도 우리는 고슴도치의 관계법을 배워야 하지 않을까?

소통의 비밀, 오감에 있다.
오감 실종 세상

"TV는 독이에요. 부모가 책을 읽어주거나 이야기를 나누거나 다른 사람과 접촉할 기회를 만들어주는 대신 TV 앞에 턱! 하니 앉혀 놓는 건 정말 잘못된 일인데, 그 말도 안 되는 일이 지금 아주 많은 아이에게 일어나고 있어요."

– 가수 마돈나

〈오즈의 마법사〉는 어린 시절 한 번은 누구나 책이나 만화영화로 접해본 아주 친숙한 이야기이다. 어느 날, 무서운 회오리바람에 의해 오즈의 나라로 날아오게 된 도로시는 캔자스 집으로 다시 돌아가기 위해서 오즈의 대왕을 만나러 길을 떠나게 된다. 그 과정에서 여행 친구들을 만나게 된다. 그런데 그 캐릭터들이 참으로 재미있다. 허수아비, 양철 나무꾼, 겁쟁이 사자가 바로 그들이다. 그들은 도로시와 함께 오즈의 대왕을 만나서 자신들의 소원을 이루어주길 바라며 함께 길을 떠나게 된다. 허수아비는 생각할 수 있는 '뇌'를, 양철 나무꾼은 따뜻한 마음을 가질 수 있는 '심장'을 가지길 바란다. 그리고 겁이 많은 사자는 '용기'를 얻기를 바란다. 그들은 세상과 어울리면서 살아가는 '소통력'을 기르기 위해서 스스로 생각하는 '뇌'가 필요하다. 타인의 마음을 헤아리고 공감하는 '심장'이 필요하다. 자신의 인생을 스스로 개척하겠다는 '용기'가 필요한 것이다. 그런데 가만히 생각해 보면 허수아비, 양철 나무꾼, 겁쟁이 사자가 소원하는 그것들! 바로 '생각하는 능력'을 위한 '뇌', 따뜻한 가슴을 가지고 세상과 공감하는 '심장', 삶을 개척하는 데 필요한 '용기' 세 가지는 바로 우리가 디지털 기기에 지나치게 의존하게 되었을 때 잃게 되는 것과 같다. 우리가 지나친 스마트폰에의 의존으로 잃은 것이 결국 뇌(생각하는 능력), 심장(배려, 공감), 용기(도전)가 아닐까? 우리는 소통을 위해서 이 스마트폰을 사용하고 있다고 하지만 결국 우리가 인간으로서 살아가는 데 가장 중요한 것을 빼앗긴 꼴이다. 소통을 위해서 스마트폰을 집어 든다. 그러나 소통을 꿈꾸면서 오히려 불통의 상징인 디지털 기기 속에서 허우적거리는 건 아닌가 하고 되돌아보게 된다. 스스로 생각하지 않는 사람들, 폭력적이고 자극적인 영상과 게임으로 공감력을 잃어가는 사람들이 많다. 손안의 스크린에 빠진 채 더 이상 삶을 개척하고 도전하지 않게 된 사람들이 지금의 우리의 모습이 되어버렸다.

스마트폰은 카톡과 SNS 등의 연락을 위한 빠트릴 수 없는 도구다. 그런데 실제로 스마트폰을 사용하면 사용할수록 우리의 소통 능력은 어떻게 변하게 될까? 필자는 그것이 궁금했다. 아이러니하게도, 인간은 스마트폰을 사용하면 할수록 의사소통 능력이 떨어지게 된다. 좀 더 정확히 말하자면 실제의 대화에서 어려움을 겪게 될 가능성이 커지게 된다고 한다. 왜 이 편리하고 매력적인 스마트폰을 쓰면 쓸수록 의사소통 능력이 떨어진다는 것일까? 그 이유는 바로 사람과의 의사소통 시 가장 중요한 역할을 하는 인간의 '오감(五感)'에 있다. 인간은 실제로 사람과 만나서 대화하며 오감을 이용하여 느끼게 되는 것을 '100'이라고 한다면 스마트폰으로 얻을 수 있는 것은 '50'도 되지 않는다. 우리의 뇌는 그 순간의 직접 경험을 통해 오감을 전부 사용함으로써 가치를 느끼고 큰 감동을 온몸으로 기억하게 된다. 우리가 느끼는 진짜 감동은 오감을 전부 사용하는 현실 그곳에서만 존재한다. 스마트폰이 등장하고 나서 우리는 다양한 의사소통의 장소에 익숙하게 되었다. 바로 온라인에서의 만남이 대표적이다. 그런데 그로 인해 우리는 과거보다 소통 능력이 더 좋아졌을까? 그렇지 않다. 왜일까? SNS와 카톡으로 하는 대화시간은 늘었지만, 그것은 오감을 사용하지 않은 채 오로지 시청각 정보만을 얻기 때문이다.

성공한 사람들의 특징 중 가장 중요한 것이 바로 'Eye contact'이다. 일류로 불리는 사람들은 이 '눈 맞춤'이라는 기술을 잘 사용한다. 상대방의 눈동자를 지그시 바라본다는 것은 자신보다 상대의 가치관을 이해하고 자신의 가치관을 투영시켜 공감을 일으키게 하는 고난도 기술이다. 이에 자신이 없는 사람은 사람들과 눈을 마주치지 못한다. 원만한 부부와 교제 기간이 긴 커플의 특징이 바로 상대방의 눈을 보는 '타이밍이 똑같다'라는 것이다. 반대로 이혼하거나 파국을 맞는 커플일수록 상대와 눈을 마주치지 않으며, 눈을 마주치더라도 서로 타이밍이 엇갈리는 경우가 많다는 연구 결과도 있다. 가장 심각한 문제 중 하나는 자녀와 부모들의 지나친 스마트폰 사용으로 인한 가족 간의 유대감 파괴와 정서적 교류의 부족이 아닐까? 이 편리한 문명의 이기를 사용함에 신중해야겠다는 생각이 든다. 그리고 시간이 지날수록 더욱 강해지는 것은 그저 필자만의 '기우'에 지나지 않을까? 만약 그렇다면 다행이지만 현실은 그게 아닌 것 같아서 더욱 암담하기만 하다.

#. 오즈의 마법사의 캐릭터들이 구하고자 하는 것들은 어쩌면 현대의 우리가 빠른 속도로 잃어가고 있는 것들일지도 모른다. 우리가 사는 세상에서 오감을 잃어가는 것은 이젠 화제도 되지 않는다. 어느 순간 돌아보니 공감하는 힘, 생각하는 능력과 용기가 사라져버렸다면 당신의 심정은 어떨 것 같은가? 잃어버린 소중한 것을 찾아서 떠나야 할 때이다.

영화 〈접속〉, 그 낭만에 대하여

 '우연이 겹치면 필연이 될까?' 1997년에 개봉한 영화 〈접속〉은 당시로서는 매우 이색적인 소재로 흥행한 작품이었다. PC통신을 통해 우연히 알게 된 전도연과 한석규. 둘은 소소한 일상의 이야기로 PC통신을 통해 가까워진다. 서로의 가슴에 남긴 사랑의 아픔을 뒤로하고 만난 두 남녀는 사랑의 기쁨이 아니라 사랑의 슬픔을 경험한다. 그렇게 하루하루 살아가다가 가끔 PC통신을 통해 나누는 대화로 서로 위로를 얻는다는 내용이다. PC통신을 통해서만 서로 대화하기 때문에 상대방을 알아가는 과정은 실제의 만남보다는 제한될 수밖에 없다. 지금에서 보면 너무도 진부한 이야기 방식이지만, 당시로서는 파격적이었다. 영화에서는 한석규와 전도연이 그렇게 가상의 공간인 PC통신을 통해서 조금씩 서로를 알아간다. 그 후 필연적인 만남을 통해 해피엔딩으로 끝이 난다. 지금의 우리는 어떠할까? 지금의 SNS 시대에서는 얼굴을 맞대고 직접 대화를 하는 것을 꺼리고 불편해하는 경향이 강해지고 있다. 왜일까? 굳이 얼굴을 대하지 않아도 의사소통을 할 수 있는 소통창구가 잘 발달되어 있기 때문이다. 이젠 이 가상의 세계에서 오래 머무르다 보니 SNS로 대화를 하는 게 더 편해진 것이다. 어찌 보면 SNS의 홍수 속에서 우리는 직접 대화하는 법을 서서히 까먹고 있는 것은 아닐까?

지금의 시대는 '가벼운 자폐증 증상'을 보이는 시대라는 어느 미래학자의 진단이 실감이 난다. 이런 상황에서 만난 SNS상의 '그녀와 그'는 과연 90년대의 그들처럼 자연스럽게 만나게 될까? 어쩌면 지금의 그들은 직접 만나는 것보다 계속 SNS로 서로를 탐색하고 알아가는 것을 더 편하게 여길지도 모른다. 낯선 사람을 만나서 얘기를 나눈다는 것은 지금의 젊은 사람들에게는 마냥 불편하고 대화하는 방법도 서서히 잊어가고 있기 때문이다. 그들은 언제까지나 SNS상에서 만나는 게 더 편하고, 익숙할 것이다. 스마트폰에 시간을 많이 사용하게 되면서 발생하는 가장 빈번한 문제는 사람과의 소통 능력이 약해진다는 점이다. 이는 결국 인생의 실질적 경험이 점점 줄어든다는 이야기와 일맥상통하는 것이다. 남녀관계를 두고 말하자면 그들은 더 이상 연애하고 싶어지지 않게 된다. 아이를 갖지 않는 사람들이 점점 늘어나는 악순환이 이어지게 된다. 아무리 카톡, SNS로 연인이나 가족과 연락을 주고받아도 직접 얼굴을 보고 만나는 것에 비교해 보자. 압도적으로 서로의 가치관을 공유하는 속도와 그 농도가 옅고 늦을 수밖에 없는 것이다. 가령, 마음에 드는 여성과 아무리 자주 SNS로 연락을 주고받아봤자 그 여성은 다른 남성과 '직접 30분' 만나서 대화를 나눌 때 그에게 더 끌리게 되어 있다. 그 이유는 오감을 사용하여 서로의 세계관과 가치관을 공유하며 교감하기 때문이다. 그런데도 우리가 스마트폰을 그만두지 못하는 것은 바로 의존(중독)하기 때문이다. 우리는 이미 알고 있다.

"확실히 내가 스마트폰을 만지는 시간이 필요 이상으로 너무 길어졌어. 카톡, 페이스북, 인스타그램으로 지인의 근황을 체크하다 보면 어느새 하루가 다 끝나가. 그 시간이 아깝다고 느껴져."

온라인에서 만나 결혼한 커플이 소개팅이나 선보는 만남 등 직접 대면해서 결혼한 커플보다 이혼율이 3배 높다고 한다. 더불어 온라인 커플은 만난 지 1년 이내에 헤어질 확률이 28% 이상에 달한다고 한다. 또 4천 명 이상 커플의 조사 결과, 친구 소개나 직장 미팅, 취미, 사회활동 등으로 만난 커플이 훨씬 안정적인 만남을 지속한다고 한다. 온라인 커플은 결혼 확률도 적고, 오프라인 만남보다 질적으로 만남의 수준도 낮은 것으로 나타났다고 한다. 이러한 것들이 말하고자 하는 것은 무엇일까? 스마트폰 중독의 주요 원인은 뭐니 뭐니 해도 SNS다. 스마트폰 사용인구가 늘면서 '스마트폰 중독'에 대한 우려가 커지고 있다. 스마트폰 중독이란 스마트폰의 과도한 몰입으로 생기는 '일상생활 장애'로 스마트폰을 이전보다 더 많이 사용해야 만족을 느끼게 되는 '내성'이다. 스마트폰 사용을 중단하거나 줄이게 되면 초조와 불안 또는 강박적 증상이 나타나는 등 '금단' 현상이다. 전문의들은 "어렸을 때 부모와 떨어져 살았거나, 가정에서 인정받지 못하고 자랐다가, 입시나 취업에 계속 실패하면 SNS의 관계 중독에 더 잘 빠진다."라고 한다.

축구 감독 퍼거슨은 일찍이 이렇게 말했다. "SNS는 인생의 낭비다." SNS는 양날의 검으로써 잘 사용한다면 엄청난 삶의 편리를 가져다준다. 그러나 이미 우리에겐 자기 관리, 자기 정화의 힘은 남아 있지 않고, 그 방법도 모르고 있는 듯하다. 한편 SNS의 '한 줄', '사진 한 장의 힘'으로 인해 한순간 대중들로부터 외면받거나 논란의 중심에 설 수 있게 만드는 힘은 실로 대단하다. SNS는 공인에겐 너무도 조심스러운 도구가 됐고, 대중의 관심을 한 몸에 받는 스타에게도 정통 미디어 이상의 힘을 갖게 된 지 오래다. 그러나 위에서 말한 양날의 검인 SNS가 결정적 순간 자기 발목을 잡는 사건들 역시 갈수록 눈에 띄게 늘고 있다. 칸 영화제에 초청되었던 영화 〈불한당〉은 칸에서 첫선을 보이기 전 감독의 SNS가 도마 위에 오르며 논란이 되었었다. 여성 비하 발언과 과거 대선 때 특정 후보를 원색적으로 비난하는 등 SNS상의 발언이 문제가 된 것이었다. 그는 내용을 삭제하고 사과문을 올렸지만 결국 감독이 칸으로 가는 비행기를 타지 못하는 사태가 벌어졌다. 영화는 국내에서 차가운 외면을 받아야 했다. 작품성에 대한 승부를 걸어볼 여지도 없이 말이다.

당신도 SNS 우울증?

카카오톡을 비롯해 페이스북, 인스타그램 등 수많은 SNS가 등장해 소통의 패러다임을 바꾸고 있다. 그러나 SNS에 깊게 빠졌을 때 나타날 수 있는 '건강 적신호'가 있다. 바로 '우울증'이다. SNS에 중독된 사람들은 일대일 대면 관계를 통한 의사소통에 어려움을 호소하는 경우가 많다. 얼굴을 마주 보고 대화하기 어려워하거나, 가족·친구들과 직접 마음을 터놓고 이야기하는 것을 꺼리는 경우를 발견할 수도 있다. 또한, SNS를 하면 할수록 우울하다고 느끼는 사람들도 적지 않다. 예를 들어, 주변인들이 SNS에 올린 각종 '인증샷'과 자기 모습을 비교하면 자괴감만 커진다는 것이다.

현실과의 괴리 커지면 '리플리 증후군' 발생

미국 미주리 과학기술대 연구팀이 2012년 대학생 200여 명을 상대한 조사 결과다. SNS에 많은 시간을 쓰는 사람일수록 우울증을 앓을 확률이 높은 것으로 나타났다. 오스트리아 인스브루크대 연구팀이 페이스북 이용자 300명을 대상으로 한 조사에서도 '페이스북을 오래 사용할수록 우울감을 느끼기 쉽고 자존감이 낮아진다.'라는 결과가 나왔다. 한 신경정신학과 교수는 "SNS에서 행복한 척, 잘사는 척하는 건 가면을 쓰고 생활하는 것과 같다."라며 "이것이 심해지면 리플리 증후군이 된다."고 말했다. **리플리 증후군이란 허구를 진실이라 믿고, 거짓된 말과 행동을 반복하는 것을 말한다.** 사람에겐 누구나 자신을 포장하고 싶은 욕구가 있다. 현실과 가상공간의 '나' 사이의 괴리가 심해지면 자아를 상실하게 되고, 하나의 정신병으로 나아갈 수 있다는 것이다. 그렇다고 SNS 자체가 우울증을 만든다고 볼 수는 없다. SNS가 가진 긍정적인 영향력도 있다. 오스트리아 인스부르크 대학 연구팀은 친구와 대화하거나 계획을 세우는 데 SNS를 사용하면 페이스북만 해도 기분이 나아진다는 연구 결과를 내놓은 바 있다. 결국 효율적으로 관계를 형성하고자 만들어진 본연의 목적을 제대로 활용하지 않는 사용자의 자세가 문제가 되는 것이다. 정신건강 전문가들은 상대적으로 자아가 강하지 않고 우울감을 잘 느끼는 사람들이 SNS에 의존할 확률이 크다고 진단한다. 특히, 사이버 공간에서 자라온 10~20대들은 현실과 사이버 공간 간 장벽을 거의 못 느껴 쉽게 우울감을 느끼게 된다.

전문가들은 비교의식이나 열등감이 너무 심해지면 SNS를 탈퇴하는 게 가장 좋다고 한다. 그게 어렵다면 열등감을 느끼게 하는 대상을 차단하거나 거리를 두는 게 좋다고 조언한다. 한 전문가는 "부모들이 자녀들과 스마트폰 과다 사용의 유해성에 대해 진지하게 이야기하는 시간을 가져야 할 것이다. 간혹 젊은 주부들의 경우, 어린 영유아 자녀들이 보챌 때 이를 달래기 위한 수단으로 스마트폰을 쥐여 주는 경우가 있다. 이것은 젖 뗀 아이에게 길거리에서 파는 불량식품을 먹이는 것과도 같다."라고 말하며 가정교육의 중요성을 강조하기도 하였다. 이래저래 스마트폰과 SNS로 인한 잡음이 끊이지를 않는다. 100번의 SNS보다 한 번의 만남이 얼마나 가치 있고 소중한지를 우리는 과연 언제쯤 알게 되고 잊고 지낸 소중한 가슴 속 감정들을 다시 끄집어낼 수가 있을까?

#. 인간성 상실을 부추기는 극단의 세상. 재미로 사람을 해하고 병원에는 우울증 환자와 강박증 환자가 넘쳐나는 세상. 우리는 어디로 흘러가는가? 90년대의 낭만과 웃음이 넘치던 거리가 그립다. 그때의 향기가 떠오른다. 영화 <접속>을 다시 보면서 잃어버린 순수함을 찾아보고 싶어진다.

장자의 호접몽과 스크린의
늪에 빠진 사람들

　육관 대사 밑에서 불도를 닦던 성진은 용왕의 생일잔치에 다녀오는 길에 만난 팔선녀를 희롱하고 나자 세상 부귀에 더욱 마음이 쏠리고 불가에 지루함을 느낀다. 그리고 이를 들킨 죗값으로 인간 세상으로 유배되어 가난한 처사의 아들 양소유로 태어난다. 후에 승상이 되고 두 아내와 여섯 첩을 거느려 보지만 인생의 덧없음에 탄식하게 된다. 봄날의 꿈같은 현실에서 깨어난 그는 다시 성진으로 돌아와 대사에게 자기 잘못을 깊이 뉘우친다. 서포 김만중이 쓴 『구운몽』의 이야기이다. 성진의 뉘우침에 대사는 "너는 인간 세상에 윤회하는 것을 꿈꾸었다. 하지만, 세상과 꿈은 다르다. 아직도 꿈을 깨지 못하였구나!"라고 꾸짖는다. 육관 대사의 지적은 장자의 말을 연상케 한다. 장자가 어느 날 나비가 되는 꿈을 꾸었다. 꿈에서 깬 뒤 자기가 나비가 된 것인지 나비가 자신이었는지를 분간할 수 없다고 했다.

두 세계 사이에서 어느 것이 참된 것이고 헛된 것인지 모호하다는 '호접몽'이다. 구운몽과 장자의 이야기를 하는 것은 얼마 전 세계적으로 열풍을 일으켰던 '포켓몬 고' 게임과 같은 증강현실을 거론하기 위해서이다. 우리가 체감하는 현실이란 지금, 이 순간 우리가 오감을 통해서만 느낄 수 있는 세상이다. 느낄 수 없는 것이 실제 존재한다고 말할 수는 없지 않은가? 만일 현실에 존재하지 않아도 우리가 눈으로 현실에 존재한다고 느낄 수만 있다면 그게 현실이라고 말할 수가 있는 것일까? 예를 들어 구글 글라스를 통해 보는 가상현실과 증강현실은 우리가 가상의 세계를 진짜인 것처럼 착각하도록 하는 눈속임일 뿐이다. 인간은 시각적인 부분을 통해서 들어오는 정보를 쉽게 믿고 그대로 믿는 경향이 아주 강하다. 그래서 이를 이용한 스크린의 가상 세계 속의 게임과 영상들이 우리의 눈과 뇌를 속여 소설 속의 백일몽의 세계로 빠져들게 하는 것이다. 이러한 '혼합현실'에 의해서 현실과 가상 세계의 경계까지 허물어지게 되어서 더욱 혼란스러워질 수가 있다는 것이다.

성진은 봄날의 꿈같은 현실에서 깨어나 다시 성진으로 돌아올 수가 있었고, 장자는 나비에 잠시 몰입하다가도 현실로 돌아올 수 있었다. 하지만 지금의 이 혼합현실은 시공간과 관계없이 누구든 원하는 만큼 마음대로 체험할 수 있다. 그들이 혹시라도 길을 잃고 영원히 현실로 돌아오지 못할까 봐 두렵다. 실제로 그러한 사례를 자주 볼 수가 있다. 가상의 게임에 빠진 채

현실에서도 그 게임에서의 영향이 남은 채 잔혹한 행동을 서슴지 않는다. 그로 인해 벌어지는 수많은 비극이 그 증거가 아니고 무엇이란 말인가? 앞으로 증강현실의 기술은 대기업들의 향후 미래 전략사업으로써 더욱 눈부시게 나타날 터이다. 과연 우려스러운 점은 없을까? 좋은 점보다 그로 인해 벌어질 부작용이 더욱 염려스럽다. 필자가 가장 두려워하는 점은 보이지 않는 세계는 그리도 신기하게 찾아다니면서 정작 자기 내면의 세계는 언제 들여다보고 발견하려 하는지이다. 미개척 보물섬 중의 보물섬이라 하면 인간의 내면의 우주라고 한다. 끝끝내 내면의 자신을 찾지도 못하고 삶을 마감하게 될까 봐, 벌써 아쉬움이 다가오는 것도 어쩔 수가 없다.

한국의 한 젊은 부부가 인터넷 게임에 중독돼 생후 3개월 된 친딸을 굶겨 죽였다는 신문 기사가 대한민국을 충격에 빠트린 적이 있었다. 이 기사는 해외 토픽으로 소개되어 국제적인 망신을 자초하기도 하였다. 굶주림에 지친 그 아기는 엄마와 눈을 맞추기를 얼마나 소망했을까? 비쩍 마른 몰골의 아이를 보고도 그들은 매일 밤 발걸음이 떨어졌을까? 놀라운 것은 이들 부부가 피시방에서 하던 게임이 온라인상에서 여자아이를 키우는 '육성 롤플레잉 게임'이었다고 하니 더욱 기가 막힐 뿐이다. 이들은 사이버 세계에서의 딸에게 옷과 장신구를 사주고 육아일기까지 쓰면서 정성을 쏟았던 모양이다. 가상의 딸은 우량아로 키우고 실제 딸은 굶겨 죽인 셈이다. 지금 대한민국에서는 컴퓨터 게임을 통해서 자라는 청소년들에게도 심각한 문제를 안겨주고 있다. 과거의 술래잡기, 땅따먹기, 고무줄놀이 등 놀이 차원의 고전적인 게임은 아동과 청소년에게 인성 발달을 도와주는 도구 역할을 했다. 인터넷과 온라인 게임이 탄생한 뒤 언제부턴가 아이들은 운동장에 없다. 피시방에 자리를 잡고 혼자서 모니터에 빠져들었다. 동시에 게임의 순기능들은 자취를 감추어 버렸다. 이제는 아동과 청소년은 물론 성인들까지 게임에 몰입해 있는 모습을 어떤 피시방에서도 쉽게 찾아볼 수 있다. 특히 레벨업이 생명인 육성 롤플레잉 게임 등 중독성이 강한 게임이 등장하고부터는 많은 이들이 통제력을 잃고 사이버 공간을 전전하고 있다. 이른바 현실과 게임의 구분이 모호한 '호접몽' 상태에 빠져들고 있다. '아바타는 있고, 인간은 없는' 기형적인 게임문화가 결국 한 생명의 죽음이란 비극을 부른 것이다.

지금의 우리가 살아가는 세상은 혼합현실의 가상 세계가 우리의 눈과 뇌를 속여 백일몽의 세계로 빠져들게 한다. TV 뉴스에선 현실과 게임 현실의 경계선이 붕괴하여 발생하는 어처구니없는 사건 사고들이 지금도 끊임없이 발생한다. 이들 모두가 장주와 성진과 같이 꿈속과 현실 사이에서 길을 잃고 헤매는 것이다. 꿈과 현실은 엄연히 다르다. 우리는 아직 꿈에서 온전히 깨지 못하고 있다. 여전히 꿈속에서 헤매고 살아가니 말이다. 시간이 갈수록 상황은 더 어려워지고 더욱 치유 불가능한 위험한 국면을 맞이하게 될 것이다. 이는 아주 가능성이 크다고 보인다. 장주가 꿈에 나비가 되었다가 나비가 다시 장주가 되니 무엇이 거짓이며 무엇이 진짜인지 분별하지 못했다. 성진과 소유의 꿈과 장자의 나비 된 꿈은 무엇이 현실이고 무엇이 가상 세계일까. 우리가 이것을 구별하고 알 수 있을까? 지금의 이 문명의 이기들이 역으로 꿈과 현실을 구별하지 못하도록 비몽사몽 하게 만들고 있는 것은 아닐까?『구운몽』의 글로 마무리하고자 한다.

"네가 흥을 타고 갔다가 흥이 다하여 돌아왔으니 내 무슨 관여함이 있으리오? 네 또 말하되, 인간 세상에서 윤회하는 꿈을 꾸었다 하니 이것은 인간 세상의 꿈이 다르다고 함이라. 네 아직 꿈을 온전히 깨지 못하였도다. 장주(莊周)가 꿈에 나비 되었다가 나비가 다시 장주가 되니 무엇이 거짓이며 무엇이 진짜인지 분변하지 못했다. 성진과 소유가 누가 꿈이며 누가 꿈이 아니뇨?"

#. 현실 세계와 가상 세계가 뒤죽박죽인 사람들이 많다. 게임과 가상 세계의 폐해라고 말하면 어떨까? 말도 안 된다고? 그래 나도 그리 믿고 싶다. 신나게 흥을 타고 놀러 갔다가 흥이 다하여 돌아왔다면 온전히 내 역할을 잡아가야 할 것을 말이다. 우리는 어디로 갔다가 어떻게 돌아오는지도 모르는 가짜 꿈속을 지금도 헤매고 있는지도 모르겠다. 나는 스마트폰인가? 아니면, 스마트폰이 내가 되었나?

쾌락 물질,
도파민의 노예가 된 이유

영화 〈더 킹〉은 검사가 된 주인공이 비리 검찰과 연루돼 권력의 맛을 알아가며 변질하는 과정을 그린 영화다. 유시민 작가는 한 방송 프로에서 〈더 킹〉에 대해 "이 영화는 중독에 관한 보고서"라며 "권력에 중독된 것"이라고 평했다. 이어 그는 "실제로 뇌 과학자들이 연구했는데 권력을 가진 사람들의 머리에서 나오는 도파민이 필로폰과 같은 마약을 했을 때 나오는 화학물질과 비슷하다."라고 설명했다. 유시민 작가 또한 과거 정치권에서 활발하게 활동했던 것을 언급하며 "그래서 나는 다른 중독 거리를 찾았다. 독서나 낚시처럼"이라고 답하였다. 여러 가지 중독 중에서 마약 중독을 가장 위험한 것으로 생각했는데 권력 중독도 마약 중독만큼 지독한 수준이라고 하니 놀랍다. 그에 비하면 독서 중독은 소소하다. 인생을 아름답고 풍요롭게 만드는 '행복한 중독'이라는 생각에 필자 역시 더욱 사람들에게 독서를 더욱 권하고 싶기만 하다. 도박과 마약에 한번 빠지면 아무리 애를 써도 그만둘 수가 없어서 중독되는 것을 '의존증'이라고 한다. 뇌에서 다량의 '도파민'을 내보내면 그 순간 인간은 절정의 쾌감을 느낀다. 그 행위를 반복하여 더욱 강한 자극을 원하게 되어 결국 의존하게 만드는 구조로 되어 있다. 다량의 도파민은 우리를 중독에 빠져들게 만든다. 그런데 디지털 기기(스마트폰, PC, TV)를 과도하게 이용하면 뇌에서 나오는 도파민이 축적된다는 사실을 알고 있는가? 디지털 기기 중에서 가장 심각한 것은 말할 것도 없이 바로 스마트폰이다. 스마트폰은 그 자체로 PC와 TV의 기능을 모두 가지고 있는 최강의 디지털 기기이다. 게다가 휴대성이란 독보적인 매력을 가지고 있다.

그럼 이 스마트폰 사용이 지나치면 어떻게 '도파민'이 쌓여서 우리를 중독의 길로 가게 하는지를 알아볼 필요가 있겠다. 법으로 금지된 약물과 합법적으로 돈을 거는 카지노에 비교하면 안전하다. 돈을 거는 일도 아닌 스마트폰이 그렇게 도파민을 내뿜고 있다는 그 사실을 믿기 어려울지도 모르겠다. 확실히 도박과 마약에 비교하면 스마트폰 게임과 SNS를 함으로써 나오는 도파민양은 매우 적다. 그리고 도파민 그 자체는 원래 인간에게 의욕과 욕망을 가져다주는 물질이기에 우리의 생활 속 여기저기서 방출이 된다. 도파민은 연인과의 대화나 섹스에서도 나오며 달콤한 것을 먹거나 쇼핑해도 나온다. 그런데 왜 유독 스마트폰의 사용으로 나오는 소량의 도파민이 문제가 되고, 이에 따라 사람들이 중독까지 되는 것일까? 우리가 스마트폰에 중독이 되는 또 다른 비밀이 바로 여기에 있다. 어찌 보면 마약과 도박보다 더욱 강력한 중독의 이유가 이것일 것이다. 그것은 바로 '접속의 용이성'이다. 이 접속의 용이성에 따른 강력한 부작용은 뒤에 다시 설명하기로 하겠다.

그럼, 구체적으로 스마트폰을 사용함으로써 어떻게 도파민이 나오는지 먼저 알아보자. 사람에게 쾌락을 가져다주는 요소는 여러 가지가 있다. 도파민과 관련하여 가장 중요한 부분은 바로 '스트레스'이다. 동물은 스트레스가 나아진다면 뭐든 하고 싶어 한다. 인간은 사회적인 동물이기에 원활한 의사소통을 통해 그러한 스트레스를 낮추고 싶어 한다. 그 스트레스를 낮추게 해 주는데 특효약이 바로 이 SNS이다. 그리고 SNS가 생기면서 직접 만나지 않더라도 얼마든지 소통을 할 수 있는 세상이 되었다. 우리가 주로 사용하는 온라인 게임과 SNS, 동영상 등은 사회적인 요소가 가미되어 인기가 있다. 이러한 소통의 편리함이 인간에게 쾌감을 느끼게 해준다. 도파민이 생성되는 데 가장 중요한 요소가 바로 '쾌감과 변화'이다. 즐거움을 주는 행위일지라도 같은 것을 반복하게 된다면 인간은 점점 싫증을 내게 되어 도파민이 나오기 어려워진다.

그러나 게임에서는 매 순간 새로운 아이템과 단계가 추가되고, 시즌별로 다양한 이벤트가 펼쳐진다. SNS에서는 새로운 친구가 생기거나 늘어나서 보다 다양한 자극을 받을 수가 있게 된다. 인터넷의 세계는 더욱 다

채롭게 변해가야 하니 결코 질리거나 싫증이 날 틈이 없다. 그 속에서 도파민은 계속 우리의 뇌에 방출 상태로 유지되고 있다. SNS와 게임을 하는 동안 나오는 도파민의 양은 언급한 대로 소량이다. 그런데 이 '의존증'은 도파민의 양이 얼마나 쌓여 있는가에 의해 결정된다. 상대적으로 얼마만큼의 도파민이 쌓이는지가 핵심이다. 예를 들어 인기 게임을 하게 되면 일정 단계를 넘어서면 '성취감'과 '쾌감'을 느끼게 된다. 그때 우리 뇌에서 나온 도파민은 비록 소량이지만, 장시간 반복되는 게임과 SNS의 사용으로 점점 더 쾌락 물질을 느끼게 된다. 그렇게 되면, 뇌에 이 도파민이 점점 쌓이게 된다. 헤로인 마약의 경우, 1회 사용으로 나오는 도파민양은 엄청난 축적이 생기게 되고 사람을 쾌락으로 가득 채워 어느새 마약에 의존하게 만들어 버린다. 스마트폰의 사용으로 인한 도파민양은 미미할지 모른다. 그러나 계속 반복함으로써 도파민은 쌓이게 된다. 우리는 어느새 스마트폰이 없으면 아무것도 할 수 없는 인간이 되어버리는 셈이다. 이는 우리의 삶에도 악영향을 미치게 된다.

인형 뽑기에 심취하는 사람을 한 번씩 보게 된다. 이를 정신과적으로 분석하면 어떤 심리일까? 정신과 전문의 최명기는 한 인터뷰에서 인형 뽑기도 어떤 점에서 행위중독이라고 한다. 인형 뽑기도 도박에서 돈을 잃으면 잃을수록 더 많이 거는 추격심리와 유사한 점이 있다는 것이다. 그러고 보니 아는 동생이 인형 뽑기에 빠져서 신나게 인형을 건져 올리고 나서 주변 사람들에게 선심 베풀 듯이 나눠주던 때가 기억이 난다. 그때, 인형을 나눠주던 그의 표정이 기억에 남았다. 어쩌면 그는 인형 뽑기를 통해서 자존감을 유지했는지도 모르겠다는 생각이 든다. 인간은 뭐가 되었건 남보다 잘하는 것이 있을 때 살아갈 맛이 나는 게 사실이다. 아무리 인형 뽑기에 중독이 되었더라도 자기 집에 인형 뽑기 기계를 사다 놓고 뽑는 사람은 없을 것이기 때문이다. 핵심은, '내가 인형을 뽑을 때 남들이 부러워하는 눈으로 쳐다보는 것'이 중요하다는 것이다.

#. 가랑비에 옷 젖는 게 가장 무섭다. 어느샌가 내가 그 대상에 함몰되어 버린다면 그만큼 거기서 헤어 나오기가 쉽지 않다. 중독이 무서운 이유다. 잠시

잠깐의 즐거움과 쾌락으로 우리의 뇌 체계마저 바꿔버리는 충격을 받는다. 도파민 중독 공화국에서 우리가 살아남는 방법은 '이 정도쯤이야.'라는 안일한 마음이 아닐까?

7

내국인 카지노가 정선에 있는 이유

1997년 일본에서 어린이 7백여 명이 만화영화 〈포켓몬스터〉를 보던 중 두 등장인물이 싸우는 장면에서 반짝거리는 빛을 본 뒤 발작과 구토를 경험했다는 보고가 있었다.(『디지털 단식』) 위의 이야기는 20년 전의 일이었다. 그때의 TV와 극장의 스크린으로도 이렇게 인간의 뇌에 상당한 충격을 줄 수 있는 게 바로 이 디지털 기기의 무서움이다. 그런데 20년이 지난 지금은 어떠한가? 손안의 극장, 손안의 TV, PC인 바로 스마트폰이 아이들부터 어른들까지 뇌를 종일 자극하고 있다. 언제든지 호주머니에서 꺼내서 볼 수 있는 접근의 용이성이 무서운 부작용을 일으키고 있다. 접근의 용이성과 중독에 관한 이야기 속에 빠트릴 수 없는 것이 '도파민'이다.

대량의 도파민이 나오는 마약 '코카인'은 한 번의 사용만으로도 인간을 중독시킨다. 마약의 무서움은 다수 유명인의 사건으로도 잘 알려져 있다.

그러나 일반인들은 마약 중독에 걸리는 경우가 그다지 흔하지 않다. 그 이유는 무엇일까? 그것은 마약을 원한다고 해서 손에 넣을 수 있는 것이 아니기 때문이다. 한국에도 카지노가 있지만 정선 카지노 정도가 일반인들이 드나들 수 있는 유일한 곳이다. 왜 굳이 내국인 전용 카지노가 강원도 정선에 있을까? 생각해 보면 재미있다. 접근의 어려움을 추가한 것이다. 서울 한복판에 내국인 전용 카지노가 있었다고 생각해 보라. 엄청난 부작용이 터질 것이다. 그 외의 카지노는 '외국인 전용'이라서 일반인들은 접근하고 싶어도 할 수 없는 환경이다. 이 말은 결국 얼마나 우리가 중독을 일으키는 대상과 멀리 떨어져 있느냐의 문제로 이해할 수가 있다.

한 예로, 일본은 도박 의존율이 세계 1위이다. 이유가 무엇일까? 파친코는 일본의 전국에 없는 곳이 없다. 역 앞에는 당연히 파친코가 있을 정도이다. 이것이 바로 '접속(접근)의 용이성'이다. 아무리 대량의 도파민이 도출되는 대상이 있다고 해도, 접근하기가 어렵다면 대개의 사람은 의존증에 빠지지 않는다. 의존이라는 것은 그것이 간단하게 접근할 수 있는 환경이 있고 나서의 문제이다. 스마트폰의 사용에 따라 소량의 도파민이 뇌에서 방출이 됨에도 불구하고, 많은 사람이 스마트폰에 의존하는 이유는 바로 거기에 있다.

스마트폰의 가장 큰 이점인 언제든 어디서든 손가락 하나만으로도 '간단히 접속'할 수가 있다는 사실이다. 이것은 파친코와는 비교도 되지 않을 만큼 간단하게 접근하게 만드는 것이다. 스마트폰을 사용하려고 일부러 어딘가를 찾아갈 필요도 없다. 전화요금을 제외하면 일정량의 돈도 낼 필요가 없다(모든 앱은 공짜이다). 더불어 파친코처럼 뭔가 찜찜한 그런 기분(?)도 없으며, 손쉽게 주머니에 손을 넣기만 하면 된다. 사용할 수 있는 많은 앱은 무료이고, 순식간에 사용할 수 있게 되어 있다. 게임도 문자 연락도 언제든지 가볍게 스마트폰을 집어 들게 만든다. 이처럼 접근이 쉬운 환경이 갖추어진 점에서부터 우리는 도파민이 나오는 이 도구로부터 의존하게 되는 먹잇감이 되었다고 할 수가 있겠다.

접근의 용이성이 불러온 여러 부작용에 대하여 여러분은 어떤 생각을 하는가? 그리고 우리 주변에는 도대체 무슨 일이 벌어지고 있는가? 20년 전에도 이러한 위험한 증상이 발생했을진대, 현시대 우리 아이들의 손안에 든 스마트폰은 그야말로 극장과 TV와 컴퓨터까지 몽땅 들어가 있는 괴물이다. 지금 스마트폰의 화면에 빨려들 듯이 쳐다보는 우리 아이들의 미래는 과연 어찌 될까? 두려움이 앞선다. 지금의 아이들이 스크린을 들여다보는 가장 주된 요인은 바로 게임이다.

"대략 일주일에 3일, 하루 1시간 이상 초등학교 1학년 때부터 6학년 때까지 게임을 한다면 중학교에 가서 깊이 생각하는 게 불가능합니다. 사물에 대해 이해할 수가 없게 됩니다."

― 모리 아키오(니혼대학 교수)

한국의 상황은 어떠한가? 아이들은 일주일에 3일, 하루 1시간은커녕, 일주일 내내 매일 2시간 이상씩을 이 스마트폰을 들여다보고 사는 게 지금의 현실이 아닌가 말이다. 모리 아키오 교수의 말대로라면 지금 우리 아이들의 뇌, 그중에서 생각하는 기능을 관장하는 '전두엽'에 얼마나 심각한 문제가 생기고 있는지를 미루어 알 수가 있다. 실제로 학교에 수업하러 가보면 요즘 아이들이 가장 싫어하는 것이 세 가지라고 한다. 생각하기, 발표하기, 글로 적어보기라고 한다. 세 가지는 바로 뇌의 핵심 역할을 하는 전두엽이 평소에 제대로 기능을 하고 있지 않으면 성장하지 않는 부분이다. 매일같이 이 디지털 기기에 빠져 사는 아이들은 생각하는 전두엽이 아니라, 시각적 입력만 하는 후두엽만 헛바퀴 돌리듯이 계속 돌리고 있다. 전혀 생각하지 않고 살아가고 있다. 이 전두엽은 디지털 기기를 사용할 때는 작동하지 않는다는 것은 이미 오래전부터 나온 연구 결과이다. 이는 성인들도 마찬가지이다. 더욱 앞으로가 걱정이 되는 것은 이 '접근의 용이성'이 스마트폰을 더 가까이하면 가까이했지 결코 떼어놓을 리는 없다는 사실 앞에 더욱 두려움만 앞선다.

#. 자주 보면 정들고 익숙해진다. 스마트폰도 그런 모양이다. 눈에서 멀어져야 마음에서도 멀어진다. 피하고 싶고 멀리하고 싶은 중독물질이 있다면 지금 당장 내 눈앞에서 당분간만이라도 그 대상을 사라지게 해 보자. 인간의 뇌는 강하고 유연하다. 곧 그 상황을 잊고 새로운 나로 거듭나는 기회를 맛보게 되리라.

'수면 빚 공화국'에서 벌어지는 일

"아시아 국가의 어느 피시방의 컴퓨터 앞에서 (중략) 롤플레잉 게임에 몰입해 있던 23세의 청년이 사망한 후, 무려 9시간 동안을 누구도 알아채지 못한 것을 달리 설명할 길이 없다."

— 「디지털 중독자들」

이 사건은 결코 멀리서 벌어지고 있는 일이 아니다. 대한민국의 피시방에서 일어나고 있는 일이고, 잠재적인 사고는 지금도 버젓이 그 모습을 계속 드러내고 있다. 이처럼 잠을 포기해가며 온라인 게임과 스마트폰에 몰두하는 풍경이 심심치 않게 보인다. 21세기에 접어들면서 인터넷의 보급과 스마트폰의 확산은 어떤 두려운 결과를 낳고 있는 것일까? 과중한 업무와 스트레스로 인해 생기는 부작용과 함께 수면 부족으로 우리 개인의 행복한 삶과 여유 있는 삶은 점점 더 멀어지고 있는 게 아닐까? 사람이 먹지 않고 마시지 않고 버틸 수 있는 기간이 과연 얼마나 될까? 7일간 물이 공급된다면 남자는 30일, 여자는 40일을 버틸 수 있다고 한다.

그럼, 잠을 자지 않으면 어떻게 될까? 1965년, 17세의 고등학생 랜디 가드너는 264시간 동안 잠을 자지 않았다고 한다. 264시간이면 11일 동안 깨어 있었다. 2일째 그는 눈에 초점이 풀렸고 물체를 만져서 사물을 구분할 수 없었다. 3일째에는 감정 기복이 심해지고 심한 신경질을 냈다. 실험이 끝날 무렵 그는 집중력이 흐려지고 단기 기억에 이상증세를 보였다. 편집증이 생겼고 환각 증상도 보이기 시작했다. 보통 사람은 잠을 장시간 자지 않으면 호르몬 이상과 장애로 인해 죽음에 이를 수도 있다.

한국은 하루 수면시간이 OECD 가입국 중 꼴찌다. OECD 조사 결과에 따르면 한국인의 평균 수면 시간은 7시간이다. 성인만을 대상으로 한 결과는 6시간으로 한 시간 가까이 줄어들었다. 직장인 3,000명을 대상으로 조사했을 때 응답자의 76퍼센트가 '수면시간이 부족하다.'라고 답변했다. 몸으로나 머리로나 휴식이 필요함을 알지만 제대로 쉬지 못하는 것이다. 그리고 자살률은 불행히도 수년째 1위를 지켜나가고 있다. 위험한 것은 수면 부족과 자살률은 밀접한 관계가 있다는 것이다. 게다가 대한민국은 과도한 업무량과 학생들의 살인적인 교육환경으로, 하루 평균 5시간 자는 중고등학생의 22%가 자살 충동을 느낀다고 한다. 이는 8시간 이상의 잠을 자는 학생보다 2배 정도 높은 수치이다. 이는 불면 · 우울증으로 이어지고 최근 사회문제가 되는 조현병과 연관이 있다.

한국의 고등학생 중 80%가 "잠 못 자요."라고 답변하고 있다. 도대체 무엇이 우리의 잠을 빼앗아 가는 것일까? 그 주범은 바로 스마트폰이라고 응답한 사람이 45%였다. 성인들의 수면 부족을 가중하는 것은 과도한 업무량이 제1순위이지만 취침 전 과도하게 청색 빛을 내뿜는 스마트폰을 쥐고 있느라 잠을 쫓아내고 있다. 성인과 학생들의 스마트폰 사용까지 더해져 한국인의 수면시간은 경제협력개발기구(OECD) 최하위에 머물고 있다고 한다. 수면 부족은 자살 위험을 높이는 등 뇌 건강에 치명적인 영향을 미칠 수 있다. 더욱이 만성적인 수면 부족과 과로는 돌연사로 이어질 수 있다는 사실을 잊어서는 안 된다.

'잠만큼 건강에 좋은 약이 없다.'라고 한다. 반대로 수면시간이 짧으면 몸의 생체 리듬이 깨질 뿐만 아니라 뇌의 기능에도 심각한 문제를 일으킨다. 대한민국이 전 세계 '수면 빚 최고 국가'의 오명을 쓰게 된 이유가 무얼까? 한번 점검하고 넘어갈 때가 되었다. 하루 평균 4시간의 스마트폰 이용과 3시간의 TV 시청을 하는 한국인. 더욱이 침대에서까지 카톡과 실시간 기사를 검색하느라 우리의 뇌는 쉴 틈이 없다. 숙면하기 위해서는 잠자기 2시간 전부터 스마트폰을 멀리해야 한다. 그러나 문명화된 사회에서 '만성적인 수면 부족'은 이미 일상이 되어버렸다. 동물은 기본적으로 잠을 자지 않으면 생존을 할 수가 없는 나약한 존재이다. 그 소중한 잠이 바쁜 현대 사회에서는 너무도 만만한(?) 대상이 되어버렸다. 현대의 고도화

된 기술 문명은 끊임없이 수면시간을 다른 무언가로 채울 것을 강요한다. 이렇게 잠을 홀대하면서 우리들의 삶은 더 고달파졌다. '잠은 죽어서나 자라, 잠을 자면 꿈을 꾸지만 깨어 있으면 꿈을 이룬다.'라는 등의 구호는 잠을 마치 쓸모없는 취급하는 인상을 주는 세상에서 우리는 살아간다.『수면혁명』의 저자인 허핑턴은 다음과 같이 말한다. "규칙적이고 충분한 숙면이 진정한 성공과 번영으로 귀결된다." 잠은 모든 생명 활동의 중심에 있는 '허브'이다. 잠을 잘 자는 것이야말로 건강, 학습, 생산성, 성과, 관계, 성공 등 모든 문제의 궁극적인 해결책이다. 잠을 잘 때 우리는 깨어 있는 동안 받았던 번민과 근심, 스트레스로부터 해방된다. 잠을 잘 자면 신경이 안정되어 더욱 지혜로워진다. 이것이 바로 새로운 시대의 성공 비결, 즉 전문성과 창조성의 근원임은 말할 필요도 없다.

수면이 중요한 이유를 현대인들은 마냥 잊고 산다?

인간의 적정 수면시간은 7~8시간이다. 수면이란 단순히 쉬는 것이 아니고, 다음 날 정상적인 활동을 하기 위한 몸과 마음의 피로에서 회복시키는 과정이다.

적절한 수면이 좋은 이유는 다음과 같다.

- 매일 7시간 이상 자면 주의력과 집중력이 높아지고, 기억도 더 선명하게 입력된다.
- 뇌에서 우리가 자는 동안 뇌 속 해로운 화학물질과 독소를 청소하는 기능이

활성화된다.
- 심장마비, 뇌졸중, 당뇨, 비만 등 온갖 질환이 일어날 가능성이 작아진다.
- 수면시간을 늘리면 피로 수치가 떨어지고 몸의 반응 시간도 빨라진다.
- 정신적 에너지가 유지되고, 스트레스에 대처할 힘을 갖게 된다.
- 등교 및 수업 시작 시각을 늦추자 학생들의 성적과 주의력이 올라갔다.

일본에서 실시한 한 연구에 따르면 일찍 잠드는 학생 그룹은 새벽 늦게 잠드는 학생 그룹보다 자신을 더 좋아한다고 응답한 비율이 더 높았다. 즉 자존감과도 상관관계가 있다. 이렇게 중요한 수면을 우리는 어떻게 대하고 있는가? 수면 부족인 상태로 다음 날 다시 멍하고 불쾌한 하루를 보내고 있지 않은가? 이는 삶의 악순환의 연속이고, 삶의 손해일 뿐이다. 잠은 인생의 낭비가 아니라 잠을 줄이는 사람이 오히려 자기 인생의 살을 깎아 먹는 것이라고 말해야 할 정도이다. 이 고리를 오늘부터라도 끊어야 하지 않을까? "남자는 네 시간, 여자는 다섯 시간, 그리고 바보는 여섯 시간 잔다." 나폴레옹이 잠자는 시간에 대해 한 말이다. 하루에 세 시간 이상 자지 않고도 전투마다 승전고를 울렸던 나폴레옹의 건강 비결은 10분 정도 눈을 붙이는 토막잠에 있었다. 나폴레옹은 굵고 짧게 푹 자는 잠을 선호했다. 하지만 오늘날 과학자들의 견해는 다르다. 잠이 우리 몸에 매우 중요한 역할을 담당한다는 사실이 속속 밝혀지고 있기 때문이다. 또 무턱대고 잠을 자기보다 자기 몸에 맞춰 잠자는 것이 더 효과적이라고 한다. 미국

시카고대 앨런 레치섀픈 박사는 턴테이블에 실험 쥐를 올려놓고 쥐가 잠들려 할 때마다 회전시키는 실험을 했다. 잠자지 못한 쥐는 3주 만에 죽었다. 먹이나 물이 없었을 때보다 불과 3일을 더 살았을 뿐이다. 잠자지 못한 쥐는 체온이 떨어지고 면역력이 떨어져 평소 쉽게 물리쳤던 세균에 감염돼 죽었다. 음식이나 물 못지않게 잠이 생명 유지에 중요하다는 뜻이다. 이처럼 수면시간은 생명과 깊은 연관이 있다. 그렇다고 무턱대고 많이 자는 것도 좋지 않다. 미국 캘리포니아대 정신과 대니얼 크립케 교수의 연구 결과에 따르면, 수면시간이 짧거나 반대로 너무 길면 사망률이 높아진다고 한다. 가장 이상적인 수면시간은 7~8시간이며, 4시간 이하로 자거나 8시간 이상 자면 오히려 사망률이 높아지고, 잠이 부족하면 도덕적 판단력이나 양심이 흐려진다.

모두가 피로한 시대 잘 자는 사람이 성공한다.

아리아나 허핑턴의 수면 혁명 십계명

1. 매일 7~9시간을 자라.
2. 침실은 어둡고 시원하게 유지하라.
3. 훌륭한 베개와 잠옷이야말로 남는 투자다.
4. 잠들기 30분 전부터는 전자기기를 사용하지 마라.

5 침실 주변에서 스마트폰을 충전하지 마라.

6 과식과 늦은 식사를 피해라.

7 잠들기 전 따뜻한 물로 샤워하거나 목욕하라.

8 간단한 스트레칭이나 요가, 명상 등으로 몸과 마음을 잠으로 유도하라.

9 침대에서는 절대 일이나 공부하지 마라.

10 '오늘의 감사 목록'을 작성하는 것으로 하루를 마감하라.

#. 수면 부채가 심각하면 그 사회는 위태로운 상태다. 대한민국은 어떤가? 번아웃된 사람들, 그리고 과로사의 불명예국가. 메이저리그에서 활약하는 일본인 야구선수 오타니 쇼헤이는 무슨 일이 있어도 수면시간을 늘리려고 노력한다. 그에게 중요한 한 가지가 바로 잠을 많이 자는 것이다. 수면이 그의 활약을 돕고 있다. 잠을 우습게 보지 말라!

특명!
내 인생의 라이언 일병 구하기

임무는 오직 한 명의 목숨을 구하는 것. 1944년 6월 6일 노르망디 상륙 작전. 오마하 해변에 대기하고 있던 병사들은 한 치 앞도 내다볼 수 없는 긴장된 상황과 두려움 앞에 마주하고 섰다. 노르망디 해변을 응시하는 밀러 대위 그리고 전쟁 중 가장 어려운 임무를 수행해야 할 두려움에 지친 그의 대원들. 지옥을 방불케 하는 치열한 총격전이 벌어지고 수많은 병사가 총 한번 제대로 쏘지 못하고 쓰러져가는 참혹한 전쟁터. 밀러 대위에게 하달된 새로운 임무! 전쟁의 참화 속에 라이언 가에서 전쟁에 참전한 3형제가 전사하고 막내 제임스 라이언 일병만이 프랑스 전선에 생존하게 된다. 네 명의 아들 가운데 이미 셋을 잃은 라이언 부인을 위해 미 행정부는 막내 제임스를 구하기 위한 매우 특별한 작전을 지시한다. 사령부에서 남은 막내를 찾아 무사히 집으로 보낼 임무가 밀러에게 부여된다. 이것은 이

제껏 수행했던 어떤 임무보다 위험하고 어려운 일이었다. 〈라이언 일병 구하기〉 영화에서 밀러 대위는 죽음을 무릅쓰고 라이언 일병을 구하기 위해 포탄이 작렬하는 전장 속을 누빈다. 영화처럼 우리는 인생의 전장을 헤매고 있다. 영화 속의 밀러 대위처럼 누구나 자신의 모든 것을 걸고 반드시 지켜야 할 소중한 것들이 있는 법이다.

내 안에 있는 소중한 것에 대해 생각해 보았는가? 밀러에게 라이언 일병을 구해야만 하는 절체절명의 임무가 있는 것처럼 우리 삶에는 반드시 지켜내야 하는 자신만의 '라이언 일병'이 있다. 그것은 우리 자신만이 구해낼 수가 있다. 이 디지털 문명이라는 전쟁 속에서 필자가 생각하는 '라이언 일병'은 바로 '전두엽'이라고 생각한다. 라이언 일병을 구출하듯이 우리는 우리 뇌의 전두엽을 구해내야 한다. 이미 우리의 전두엽이 위험한 상황에 놓여 있다.

전두엽은 이른바 인간의 '뇌의 총사령관'과 같다. 인간은 전두엽이 손상되면 희망과 꿈, 흥미가 사라지고, 수동적이고 무관심하고 게을러진다. 자기에게 무슨 문제가 있는지조차 모르는 상태로 전락하며, 지나치게 집착하거나 강박적으로 바뀌게 된다. 또한, 종합·판단 능력이 떨어지며, 독창적이고 추상적인 생각을 못 하게 되며, 예측기능이 심히 떨어진다. 그리고 충동에 매달리며 감정을 조절하지 못한다. 그뿐만이 아니다. 배려심이 약해지고 예절이 없어지며, 노골적인 성적 행동, 술 중독, 게임 중독, 쇼핑

중독 등 각종 중독증상이 생긴다. 이처럼 전두엽의 방치와 손상으로 우리가 입게 되는 손실은 그야말로 치명적이라고 할 수가 있다. 지금의 시대는 디지털 기기의 범람으로 각종 중독증상을 보이는 사람들이 홍수처럼 늘어나고 있다. 우려대로 전두엽의 미성숙과 발달장애는 이미 각종 사회문제로까지 이어지고 있다.

최근 사회문제가 되는 조현병과 우울증, 강박증, 불안증 역시 전두엽이 정상적으로 성장하지 못해서 생긴 부작용이다. 우연히 뇌에 대한 흥미로운 이야기를 담은 영화를 만날 수가 있었다. 〈루시〉이다. 영화배우 최민식이 출연하여 관심이 더 가는 이 영화를 보고 인간의 뇌에 대해서 깊은 흥미를 느끼게 되었다. 영화에서 여주인공 루시(스칼렛 요한슨)는 인간의 한계를 뛰어넘은 가장 진화한 인류의 모습으로 나타난다.

영화는 사람의 평균 뇌 사용량은 10%이며, 뇌 사용량이 24%가 되면 몸을 완벽히 통제할 수 있으며, 40%가 되면 모든 상황이 제어할 수 있는 상태가 된다고 말한다. 62%가 되면 다른 사람의 행동을 마음대로 조정할 수 있고, 100%가 되면 인간의 한계를 뛰어넘는 상태가 된다고 한다. 뇌 사용량이 100%에 달한 스칼렛 요한슨은 "모든 것이 과거와 달라졌다."라고 말한다. 영화에서 루시는 자신의 뇌를 100% 깨운다. 인간이 뇌를 100% 최대치로 사용하게 되면 어떻게 될지 흥미롭다. 우리 뇌에는 생존을 결정짓는 수많은 부위가 있고, 어느 것 하나 중요하지 않은 곳이 없다. 그중에서 전두엽에 대해서 좀 더 들여다보자. 만약 영화 〈루시〉의 줄거리의 반대로 말이다. 우리 인간의 뇌 사용을 억제하고 쇠퇴시키려는 프로젝트가 진행되고 있다면 그 사람의 일생과 나아가 그 사회는 과연 어떻게 될 것인가? 심히 두려운 시나리오가 아닐 수 없다. 그런데 작금의 대한민국 사회와 교육은 어떤가? 현재 상황으로는 뇌의 성장을 억누르고 원활한 기능조차 못하게 만들고 있는 듯하다. 뇌의 발전은커녕, 뇌를 억압하고 감금하고 있지 않은가 말이다. 전 세계에서 좋은 두뇌라면 둘째가라면 서러워할 대한민국에서 노벨상 수상자가 적은 것은 역시 이처럼 전두엽을 억누르는 사회 환경에 기인하고 있는 게 아닐까? 필자 나름의 '합리적인 의심'을 품어 본다(한강의 노벨문학상은 그야말로 단비이긴 하지만).

요즘 공공장소에는 예전에는 흔하게 볼 수 없었던 광경이 있다. 부모와 함께 나선 아이들의 손에는 스마트폰이 들려져 있고, 아이들은 스마트폰에서 눈을 떼지 않는 것이다. 공공장소에서 조용히 앉아 있지 못하고 이리저리 돌아다녀 다른 사람들에게 피해를 준다는 이유로 아예 자리에 앉자마자 아이의 손에 스마트폰을 쥐여주는 것이다. 그렇다면 불과 몇 년 사이에 익숙해져 버린 이런 모습은 과연 어떤 영향을 아이들에게 줄까? 또 이에 따라 아이들의 뇌는 과연 어떤 영향을 받고 있을까? 수인재 두뇌 과학 이슬기 소장은 "스마트폰 사용은 아이의 뇌 발달에 매우 안 좋은 영향을 미친다. 아이들의 시각, 지각 발달에 악영향을 주기도 하고 주의력을 저하하며 잠재된 공격 성향을 부추기기도 한다. 중독성만 보면 약물중독에 버금간다."라며 자녀의 스마트폰 사용에 주의를 요할 것을 당부했다. 스마트폰 중독은 뇌의 전두엽 기능에도 영향을 미쳐서 주의집중 기능을 저하한다. 중학생 소년이 게임을 오래 한다고 나무라는 어머니를 숨지게 한 사건과 젊은 부부가 게임에 빠져 어린 딸을 굶어 죽게 한 사건도 중독으로 인한 전두엽 기능 저하가 원인이다.

독일의 뇌 연구자 만프레드 슈피처 박사가 자신의 저서 『디지털 치매(digital dementia)』에서 "디지털 치매란 디지털 기기에 의존하다가 기억력 장애, 사회성 저하와 감수성 약화를 겪는 상태를 뜻한다."라고 서술했다. 또한 스마트폰을 비롯한 디지털 기기의 과도한 사용으로 인해 유사 자폐, 인터넷과 스마트폰 중독, ADHD, 언어 발달장애 등을 유발한다고 발표했다. 특히 스마트폰 중독이 ADHD를 유발할 수 있다는 점에 주목해야 한다. ADHD란 집중하지 못하고 쉽게 포기하며 충동적인 모습을 자주 보이는 정신과 질환으로 최근 국내 소아 청소년 사이에 급속히 증가하고 있는 질환이다.

여기서 주목할 점은 ADHD가 사회적으로 증가하는 시점과 스마트폰이 급속히 대중화되던 시기가 크게 다르지 않다는 것이다. 또한 스마트폰 중독이 보이는 증상과 ADHD의 증상에도 상당한 공통점이 있다는 것이다. 예를 들면 충동적인 모습을 자주 보이거나 좋아하는 것엔 집중하는 모습 등이 있다. 하지만, 공부와 같이 끈기 있게 집중해야 하는 것에는 집중하지 못하는 모습을 보이는 것 등이 그 예다. 이러한 점들을 종합해 보면 스마트폰 중독이 ADHD와 관련성이 있는 것은 거의 확실해 보인다. 스마트폰이 ADHD(주의력결핍 과잉행동장애)의 도우미가 되는 것이다. 주의력결핍증상은 주로 아동기에 많이 보이는 편이지만 최근에는 성인에게서도 이와 비슷한 행동이 보인다. 이러한 증상들을 치료하지 않고 방치하면 사회성 저하, 우울증, 자존감 하락 등을 초래할 수 있으며, 일부는 성인기까지 지속되어 사회생활에 영향을 미치기도 한다.

실제로 최근에는 무분별한 디지털 기기의 남용으로 성인들에게서도 침착성을 잃고 초조하고 안절부절못하는 경향이 보인다. 요즘 사회적인 범죄 중 순간의 감정을 억누르지 못하고 욱하는 성격으로 돌이킬 수 없는 일을 저지르는 경우를 뉴스를 통해서 많이 본다. 이것은 '충동조절장애'라고 하여 정신과 질환이라고 한다. 즉 이것은 뇌 앞쪽의 전두엽에 문제가 생겨 감정을 조절하지 못하는 것이다. 전두엽 기능에 문제가 생기는 경우는 뇌를 다쳐 뇌 앞쪽에 출혈이 생겨 전두엽이 손상을 받게 되면 분노 조절이 잘 안 된다.

아이가 어릴 때 부모로부터 학대받았거나, 방임되거나, 가정불화로 인해 불안감이 커져 감정을 조절하는 능력이 떨어진 상태로 성장해 화를 잘 내는 아이로 성장할 수 있다고 한다. 한두 명인 자녀들을 '금이야 옥이야, 오냐오냐' 하며 엄마들이 나서서 어려움 없이 불편함 없이 해결해 주며 키운 아이들은 좌절감이나 실패감을 느낄 수가 없어 전두엽 기능이 성숙할 기회가 없게 되는 것이다. 그 아이는 좌절이나 실패했을 때 인내하는 힘이 없어 여러 가지 사회적 교류가 미숙하거나 문제를 일으킬 소지가 크다. 너무 어린 나이에 스마트폰에 자주 노출되면 사회성도 없고 공격적인 성향을 보이게 된다. 36개월 미만의 아이를 키우는 부모는 스마트폰을 반복적으로 보여주면 안 된다는 원칙을 갖고 있어야 한다고 전문의들은 조언한다. 아이가 보는 앞에서 스마트폰 사용을 자제하는 것은 기본이다. 어쩔 수 없는 상황이라면 부모가 함께 봐야 한다.

　스마트폰 없이 아이의 주의를 환기하려면 다양한 놀잇감을 활용하면 된다. 전문의들은 "블록·스티커·그리기 도구 등이 좋지만, 이미 스마트폰의 강한 자극에 익숙해진 아이라면 흔들거나 눌렀을 때 소리·불빛·진동 같은 반응이 나타나는 장난감을 주면 좋다"고 말한다. 이처럼 우리 자신의 라이언 일병, 그리고 우리 아이들에게 너무도 소중한 전두엽을 구해야 한다. 그리고 무엇부터 시작해야 하는지를 진지하게 생각해 보아야 할 때가 되었다. 또한 스마트폰과 각종 디지털 기기로 인해 성인들조차 주의력 결핍과 사고 저하의 악순환을 만들고 있는 지금의 우리 모습을 다시 돌아보아야 할 시점이다. 지금 바로 외로이 방치된 전두엽을 구해야 할 때이다.

#. 디지털치매의 확산은 인류에게 어떤 재앙이 될까? ADHD와 우울한 사람들이 늘어나고 있다. 지하철만 타봐도 사람들의 자세와 정신이 무너지고 있는

것이 극명하게 보인다. 우리는 어떻게 살아야 하는가? 우리에겐 지금 전두엽을 살리라는 특명이 주어졌다. 외로이 방치되어 있는 전두엽을 구해서 우리의 삶을 다시 재설계해야 하는 위급한 시기이다.

스마트폰 던지기 대회,
그 서글픈 현실

휴대전화기 던지기 대회를 아는가? 시도 때도 없이 울려대는 휴대전화기, 그리고 항시 접속 상태로 지내며 긴장의 끈을 한시도 늦출 수 없어 정신의 후유증을 안고 살아간다. 현대인들에게 가끔은 이 지긋지긋한 스마트폰을 힘껏 내동댕이치고 싶은 유혹이 들기 마련이다. 실제로 이 이색 스포츠가 행해지고 있다. 휴대전화 던지기는 통신 회사들이 휴대전화 사용료를 지나치게 많이 받는데 항의해 2000년 핀란드의 작은 마을 사본리나에서 시작된 국제적인 스포츠이다. 인간이 때로는 자신의 휴대전화를 내던지고 싶은 충동을 느끼고 있다는 점에 착안했다. 참가자는 휴대전화를 던져 그 던진 거리와 기술을 겨룬다.

이 경기는 우리가 끊임없이 누군가와 연락을 주고받는 과정에서, '시지프의 저주' 속 멍에처럼 짊어진 짐을 벗어 던지게 만든다. 이를 통해 정신적 자유를 쟁취하고자 하는 욕구를 상징적으로 드러낸다. 스마트폰의 알람으로 아침에 잠에서 깨고, 누운 채로 스마트폰으로 오늘 날씨를 확인한다. 출근하는 동안 스마트폰으로 노래를 들으며 밤사이 트위터, 페이스북, 인스타그램에 올라온 새로운 글을 확인하고 인터넷 기사를 읽는다. 스마트폰 메신저로 친구들과 대화를 나누고, 궁금한 것이 있을 땐 바로 검색한다. 잠들기 전엔 스마트폰으로 웹툰을 보거나 인터넷에 올라온 영상을 본다. 스마트폰이 생긴 이후 새롭게 자리 잡은 '일상'의 모습이다.

아침에 일어나서부터 잠들기까지 스마트폰과 함께한다는 뜻으로 '24/7 디바이스(24 hours 7days device)'라는 수식어도 붙었다. 또한 길을 걸으며 스마트폰을 보는 사람의 모습이 마치 좀비와 같다고 해서 생긴 신조어도 만들어졌다. 스마트폰과 좀비의 합성어인 '스몸비(Smombie)'다. 언제 어디서나 재미와 정보를 제공하는 더없이 편리한 세상이 되었지만, 디지털 기기에 일상을 휘둘리는 사람이 늘어나며 그에 따른 부작용도 언급되고 있다. 스마트폰이 없으면 불안 증세를 느끼는 '스마트폰 중독'을 비롯해 기기에서 발생하는 전자파가 뇌에 안 좋은 영향을 미치기도 한다.

스마트 기기에 대한 의존도와 중독성을 줄여보자는 취지로 '디지털 디톡스(digital detox)'라는 말이 등장했다. '디지털 디톡스'란 디지털(digital)에 '독을 해소한다'라는 뜻의 디톡스(detox)가 결합한 말로 스마트폰 등 디지털 기기로부터 자유로워지도록 해 몸과 정신에 안정을 주는 행위를 뜻한다. 구글의 회장이자 최고경영자인 에릭 슈미트는 2009년 봄 펜실베이니아 대학 졸업 축사에서 이런 말을 했다. "컴퓨터를 끈다, 휴대전화를 끈다, 그러면 주위에 사람들이 있다는 것을 발견하게 될 것이다. 첫발을 떼는 손자 손녀의 손을 잡아주는 것보다 더 소중한 순간은 없다." 우선 쉽게 실천할 수 있는 '디지털 디톡스' 방법을 알아보자.

'멍때리는' 시간 갖기

디지털 디톡스는 뇌에 휴식을 주는 것부터 시작한다. 스마트폰으로 인터넷 검색이나 게임을 하는 것이 휴식이라고 생각하는 사람이 많지만, 뇌는 그 순간에도 수많은 정보에 노출된다. 아무것도 하지 않고 멍하니 앉아 하루 동안의 생각을 정리하면 뇌 휴식에 도움 된다. 미국 서던 캘리포니아 대학의 연구에 따르면, 스마트폰을 사용하는 경우 뇌는 휴식을 취하는 게 아니라 기능 이상을 겪기 쉬워지는 것으로 나타났다. 뇌가 피로해지면서 전두엽 기능에 이상이 생기고, 집중력 등이 떨어지게 되는 것이다.

오프라인 만남 늘리기

스마트폰 중독자의 상당수는 소셜미디어를 사용하는 데 시간을 많이 쓴다. 먼저 소셜미디어와 모바일 메신저 등을 실시간으로 확인해야 한다는 강박을 버린다. 소셜미디어로 서로의 글에 '좋아요'를 누르기보다 아날로그 인연을 만들어보는 것도 좋은 방법이다. 직접 만나서 마음을 주고받는 대화는 뇌의 긴장을 풀어주고, 디지털 기기를 멀리하는 데 도움이 될 수 있다.

스마트폰 사용 규칙 만들기

하루에 스마트폰을 사용하는 시간이 얼마나 되는지, 어떤 점에 중독돼 있는지 파악하면 스마트폰을 바람직하게 사용하는 데 도움이 된다. 침대에 누워서 스마트폰 보지 않기, 이메일 계정을 수시로 확인하지 않기(로그아웃), 소셜미디어와 모바일 메신저의 '알림' 기능 꺼놓기, 스마트폰이나 컴퓨터 화면 대신 종이책 보기 등의 방법이 있다.

운동 습관 들이기

평소 운동하는 습관을 들이면 스마트 기기 중독으로 인한 디지털치매에 걸릴 확률이 낮고, 스트레스도 감소한다. 스마트폰이나 게임에 많은 시간을 쓰는 사람에게 스마트 기기를 그만 만지라고 하는 것보다 밖에 나가 몸을 움직일 것을 권하는 게 더 현명하다. 해외에서도 디지털 디톡스 운동은 활발하게 일어나고 있다. 미국에서는 나흘 동안 전자기기 없는 생활을 경험하는 이른바 '디지털 디톡스 캠프'도 성행 중이다. 캠프 참가 조건은 각자 소유하고 있는 모든 전자기기를 참가 기간에는 반납하는 것. IT 기업인 구글도 3년 전부터 이 캠프를 열고 있다. 캐나다에서도 '디지털 디톡스 주간'을 정해서 디지털 기기 사용을 자제하는 운동이 진행되고 있다. 주 5일 근무하는 직장인이 시도하기에 적합한 방법이다. 이를 아래에 소개한다.

기본적인 규칙

- 스마트폰에 내려받은 소셜미디어 앱을 전부 지워라. 소셜미디어를 이용하고 싶을 때는 데스크톱을 사용하라.
- 배너, 팝업, 소리를 활용한 애플리케이션 알림을 꺼라.
- 모임, 회식 자리, 지인과의 만남 등의 자리에서 스마트폰을 눈에 보이지 않는 곳에 둬라.
- 출퇴근 시간에 스마트폰을 눈에 보이지 않는 곳에 둬라.
- 화장실에 갈 때 스마트폰을 가지고 가지 마라.

단계적 디톡스

- 1일 차 : 잘 때 스마트폰을 방 안에 두지 마라. 알람을 위해서는 시계를 사용하거나 방 바깥에 놓아둔 스마트폰 알람 소리를 크게 키워라.
- 2일 차 : 집 안의 특정한 장소에 스마트폰을 둬라. 스마트폰을 몸에 지니고 다니는 대신에 필요할 때 정해진 장소로 가서 사용하라.
- 3일 차 : 스마트폰과 연동한 업무용 이메일을 제거하라.
- 4일 차 : 저녁 약속, 행사, 헬스장 등으로 외출해야 할 때 스마트폰을 집에 두고 나가라.
- 5일 차 : 종일 비행기 모드를 해놓고, 필요한 경우에만 비행기 모드를 해제하라.
- 6, 7일 차 : 금요일 오후 7시부터 월요일 오전 8시까지(또는 금요일 퇴근 후부터 월요일 출근 전까지) 스마트폰을 끄고 치워둬라.

#. 스마트폰의 위협에서 벗어나기 위해서 추천하는 방법

1. 독서(생각하는 힘을 기른다)

2. 글쓰기, 일기(나를 돌아보는 시간을 가진다)

3. 운동(중독에는 몸을 움직이고 땀을 흘리는 게 최고의 치유제이다)

4. 맨발 걷기(몸과 마음의 붕괴에 효과적인 대안이다)

5. 낭독(내면의 열정을 끄집어내고 목소리를 윤기 있고 힘 있게 만드는 기폭제다)

6. 찬물 샤워(몸을 깨워야 무너진 정신도 각성되어 깨어난다)

7. EFT(감정 자유 기법) (중독, 강박, 불안, 우울증 등 정신적인 어려움에 도움을 준다)

Part 2

시간 강탈자들

디지털 소음,
레밍의 무리 밖으로 나가라

"시간은 돈이고, 권력이다." 영화 〈인 타임〉에서는 커피 1잔 4분, 권총 1정 3년, 스포츠카 1대 59년이라는 시간으로 모든 비용이 계산된다. 영화 속 미래의 인간은 25세가 되면 노화를 멈추고, 팔뚝에 새겨진 '카운트 바디 시계'에 1년의 유예 시간을 받는다. 이 시간으로 사람들은 음식을 사고, 버스를 타고, 집세를 내는 등, 삶에 필요한 모든 것을 시간으로 계산한다. 하지만, 주어진 시간은 모두 소진된다. 13자리 시계가 '0'이 되는 순간, 그 즉시 심장마비로 사망한다. 부자들은 몇 세대에 걸쳐 시간을 갖고 영생을 누릴 수 있게 된다. 가난한 자들은 하루를 겨우 버틸 수 있는 시간을 노동으로 사거나, 누군가에게 빌리거나 그도 아니면 훔쳐야만 한다. 시간이 화폐가 되는 세상을 배경으로 한 영화 속 이야기이다.

실제로 이런 일은 상상에서만 일어날 일이지만, 우리의 지금 모습은 이 영화와 닮은꼴이 있다. 지금 현실의 우리는 돈을 구하기 위해 거대한 회사라는 괴물에게 우리의 시간을 팔고서 돈을 그 대가로 얻고 있다. 영화에서는 시간이 소진되면 죽음에 이르듯 지금의 사회에서는 돈이라는 화폐가 소진되는 순간 개인은 사회적으로 사망 선고를 받는다. 시간이 없다는 것이 곧 죽음인 영화 속 이야기를 보며 현실의 우리는 시간보다 돈을 우선시하며 시간의 소중함을 너무 잊고 살아가는 것은 아닐까? 하는 씁쓸함이 들었다. 우리가 아무렇지 않게 사용하는 '시간 때우기'라는 뜻의 '킬링 타임'이란 단어만 보아도 알 수가 있다. 킬링 타임이라니? 도대체 시간이 얼마나 우습고 만만하기에 그런 말을 하는 걸까?

영화에서는 살아남기 위해서 시간을 강탈하는 장면이 나온다. 지금 우리가 사는 이 시대에서 시간을 강탈한다고 구속되거나 범죄자가 되지는 않는다. 그러나 현실에서의 우리는 시간을 강탈하는 대상에 대해서는 너무도 호의적이기까지 하다. 그 대표적인 것이 바로 스마트폰이다. 우리는 왜 이렇게 호의적일까? 나의 귀중한 시간을 내어 주는 대가로 '쾌락과 즐거움'을 주기 때문이다. 지하철에서는 모두가 시간을 강탈당할 준비가 되어 있다. 스마트폰이라는 합법적이고 강력한 시간 강탈자 앞에서 우리는 그야말로 속수무책이다. 누구도 이 강력한 유혹의 절대자를 이겨낼 수가 없다. 시인 함민복은 그런 모습을 이렇게 묘사했다.

전철 안에 의사들이 나란히 앉아있었다. 모두 귀에 청진기를 끼고 있었다. (중략) 가운을 입지 않은 젊은 의사들은 손가락 두 개로 스마트하게 (중략) 세상을 진찰 진단하고 있었다.

— 함민복, 「서울 지하철에서 놀라다」

이러한 풍경을 보면서 더욱 우려스러운 것은 이러한 시간 강탈자들을 우리가 철저하게 옹호하고 있다는 사실이다. 나의 목을 죄어오는 대상을 향해 우리는 지지하고 있다는 말이다. 스마트폰의 뒤로는 거대한 음모의 집단들이 있으니 바로 삼성, 애플, 구글, 페이스북이다. 이들은 우리의 시간을 수시로 탐하고 훔쳐 간다. 심지어 침실과 화장실, 식탁에서도 그 탐욕은 멈추지 않는다. 온갖 알림서비스와 SNS를 통해서 우리의 시간 주머니를 털어간다. 여기에는 온라인 게임까지 가세한다. 문제는 여기에 더해서 시간뿐만이 아니라 어느새 우리의 지갑까지 노리고 있다는 것이다. 비싼 스마트폰 기깃값과 사용료는 부담스럽다. 삼성, 애플, 구글, 페이스북 같은 공룡들은 인류의 삶을 안전하고 쾌적하게 만드는 것이 목적이라고 한다. 하지만 실상은 우리의 정보를 모아서 우리가 예측할 수 있는 사람이 되길 바란다. 우리를 그들의 제도권 안에 가두는 빅 데이터의 참고자료 수준으로 취급하는 것은 아닐까?

구글은 '사악해지지 말자'라는 구호를 내건다. 그러나 이제는 노골적으로 사악해지는 기업으로의 본색을 드러낸 듯하다. 구글은 지구의 모든 정보를 쥐락펴락하며 정보 데이터의 정복자가 되려 하는데 이는 우려스러운 일이 아닐 수 없다. 그들의 손에 들어간 우리의 정보들은 과연 미래에 어떤 부메랑으로 돌아오게 될까? 우리가 인터넷을 더 빨리 돌아다닐수록, 더 많은 링크를 클릭하고, 더 많은 페이지를 볼수록 구글이나 다른 회사들이 우리에 관한 더 많은 정보를 얻고, 광고할 기회가 더 많이 생기게 된다. 우리가 남기는 흔적들이 많으면 많을수록 상업적 인터넷 기업들에는 도움이 된다. 이러한 기업들이 궁극적으로 원하는 것은 느긋하게 읽고, 천천히 집중하며 생각하지 못하도록 하는 것이다. 한마디로 우리의 정신을 혼란스러운 상태로 만들기를 원한다는 말이다. 우리가 산만하게 돌아다니도록 강요하는 것은 그들의 '경제적 이익' 때문이다. 즉, 이들은 우리에게서 시간, 돈, 그리고 정신까지 통제하고 강탈해가고 있다.

페이스북에서는 끊임없이 우리에게 접속하라고 다그친다. '누가 사진을 바꿨으니 '좋아요'를 눌러라!', '지금 무슨 생각을 하고 있니?', '지금 그 생각을 즉시 페이스북에 올려라!' 이처럼 쉼 없이 알람을 울려댄다. 제정신이 아니다. 우리는 이 자본주의의 일원으로서 우리의 시간을 내다 팔고 돈이라는 화폐를 얻기 위해 하루를 남을 위해 사용하고서 지친 몸으로 집으로 돌아온다. 우리에겐 시간이 그리 많지 않다. 그래서 시간을 얼마나 지켜내는지가 중요하다. 시간은 유한하고, 돈은 무한하다. 앞으로의 세계는 시간을 잘 지켜내는 자가 미래권력의 주인이 된다고 한다. 시간을 벌기 위해서 자기 노동력을 제공하다가 시간이 소진되는 순간 삶의 전원이 'OFF'

되어버릴지 모른다.

　스티브 잡스는 위대한 아이폰이라는 혁명을 내놓고 세상을 떠났다. 그가 얼마 전까지는 나름 위대해 보였지만 이제는 그렇게 보이지도 않는다. 인류에 커다란 숙제를 던져주고 떠난 사람을 마냥 고마워할 일도 아니라는 생각이 든다. 자신은 물론, 가족에게까지도 전자기기의 사용을 통제했다는 잡스, 자신의 아이가 중학생이 될 때까지는 페이스북 계정을 가지지 못하게 하겠다는 마크 저커버그의 그 말이 예사롭게 들리지 않는다. 애플, 구글, MS 등의 공룡들이 모여 있는 실리콘 밸리에서 일하는 직원들의 자녀들이 디지털 기기 청정지역인 '발도르프 학교'에서 오로지 자연을 벗 삼는다. 거기서 아날로그 교육받는 현실을 보면서 이들이야말로 진정한 이기주의자들이란 생각을 떨칠 수가 없다. 자신의 아이들은 미래의 지도자로서 디지털 기기의 피해를 보지 않으면서 일반인들은 중독이 되든 말든 아무런 관심도 없는 것이다. 이것이 경쟁의 사회이고 이 자본주의의 맨얼굴인 것은 말하지 않아도 안다. 영화에서처럼 시간이 전부 소진되어서 삶이 끝나는 그런 비극을 맞이하고 싶지 않다면 삶의 전략을 새로이 짜야 한다.

　앞으로의 미래는 시간을 지키는 사람만이 제대로 된 삶을 살 수가 있을 것이다. 마르셀 에메의 단편소설 「생존 시간 카드」에서는 시간이 거래되는 가상의 세계를 표현하고 있다. 소설 내용은 정부에서 식량을 절약하기 위해 생존 카드(시간)를 발급한다. 시간은 배급제로 모든 사람에게 지급된다. 여기서 재미있는 점은 자기에게 주어진 시간이 필요 없는 사람은 다른 사람에게 팔 수가 있다는 점이다. 부자들은 돈은 많지만 늘 시간이 부족하다. 한편, 가난한 사람들은 월급으로 하루하루 살아가기도 벅차다. 이 속에서 거래는 이루어진다. 부유하지만 생산성이 없는 사람들이 생존 시간 카드를 암거래로 사들이는데, 가난하거나 병이 들어 생존이 고통스러운 사람들은 더 나은 삶을 위해 자신의 카드를 판매하게 된다. 그리하여 어떤 사람은 한 달을 60일씩 살게 되기도 한다. 정말 부유한 어떤 사람은 한 달을 천 몇백 일씩 생존하기도 한다. 가난한 자들의 달력은 4월이 20일로 끝난다든가, 12월은 26일까지밖에 없기도 하다. 생존 기간이 끝나면 그달이 끝날 때까지 먼지처럼 사라졌다가, 다음 달이 되면 없어졌던 그 상태 그대로 되살아난다.

사라지는 사람들은 소멸의 감각은 전혀 느끼지 못하며, 사라지기 전과 후가 그대로 연결된 것처럼 느낀다. 생존 제한 조치가 식량 문제 해결에 아무런 효과를 거두지 못하자 정부는 시행 4개월 만에 이 법령을 폐지한다. 시간은 우리에게 너무도 중요한 재산이다. 현실에서의 우리는 이 시간을 어떻게 다루고 있을까? 처참하다는 말이 가장 적합할 것이다. 삼성과 애플의 스마트폰이 우리의 시간을 '합법적으로' 거두어가고 있다. 카카오톡 같은 메신저 서비스가 우리의 시간을 빼앗고, 게임 회사가 우리의 시간을 강탈하고 한다. 각종 게임은 우리에게 죽을 때까지 게임을 즐기라고 속삭이고 있다.

우리 주변은 지금 이런 강탈자들로 넘쳐나고 있다. 우리의 소중한 시간을 어떻게 지켜야 할 것인가? 지금 우리에게 주어진 숙제가 아닐 수 없다. 우리의 시간을 지키기 위해서 가장 우선시되어야 할 일이 지금의 혼돈과 극심한 디지털 소음에서 멈춰서 스스로 생각하고 판단하는 것이다. 그래서 이 레밍의 무리 밖으로 뛰쳐나가야 한다. 이 디지털 소음과 레밍의 제도화 속에서는 결코 우리의 시간을 지켜내기가 힘들기 때문이다. 이것이 우리에게 주어진 당면과제이다. 어떻게 이 소음과 혼란 속에서 나를 지켜낼 것인가?

#. 거대 테크노기업들은 우리에게 무료로 그들의 혁신제품을 맛보게 한다. 돈 한 푼 받지 않는 것 같지만 이것은 교묘한 덫에 불과하다. 그들은 샘플의 맛보기 제품을 보여주거나 하여 더 깊고 중요한 순간에는 결제를 들이민다. 그리고 그들은 공짜라는 이름 아래 우리의 시간을 돈 대신 수거해간다. 실로 그들은 우리의 시간을 그들이 만든 제품에 더욱더 많이 할애하게 하는 데, 고도의 전략을 쓰고 있다. 우리는 알고 있지 않은가? 우리를 만드는 유일한 삶의 생명줄은 바로 돈이 아니라 시간이라는 사실을 말이다.

검색만 하다 죽을 순 없어, 생각은 하고 살아야지

"살려 주세요! 살려 주세요!"

호랑이가 함정에 빠졌다. 지나가다 이 모습을 본 나무꾼은 호랑이가 절대로 잡아먹지 않겠다고 하자 나무줄기를 엮어 호랑이를 꺼내 주었다. 그런데 호랑이는 시치미를 떼며 나무꾼을 잡아먹으려고 했다.

"은혜도 모르는 호랑이야. 날 잡아먹지 않겠다고 약속했잖아!"

"똑똑한 호랑이들은 그렇게 말하지. 네가 나라도 그렇게 했을걸."

"말도 안 돼! 그럼 누구 말이 옳은지 확인해보자!"

나무꾼은 지나가는 소에게 물어봤어.

"내게 일만 시키고 나중엔 잡아먹는 사람보다 호랑이 말이 옳아."

나무에도 물어봤어.

"맑은 공기와 먹을 것을 주는데도 도끼로 찍는 사람보다 호랑이 말이

옳지."

나무꾼은 울상이 되었어. 그때 토끼가 지나가며 사연을 듣고서 실감 나게 처음부터 자세히 재연해 보라고 했다. 그래서 호랑이는 맨 처음처럼 함정에 다시 들어갔다.

"내가 여기서 살려 달라고 외쳤는데 말이야……." 그러자 토끼는 나무꾼을 보며 말했다.

"호랑이는 사실 헛똑똑이죠. 이제야 공평하게 됐네요!"

송(宋)의 원군(元君)이 한밤중에 꿈을 꾸었다. 꿈속에서 어떤 사람이 머리를 풀어 헤치고 궁실 모퉁이의 쪽문을 들여다보면서 이렇게 말했다.

"저는 재로(宰路)라고 하는 못에서 왔습니다. 저는 청강(淸江)의 신(神)을 위해 황하(黃河)의 신(神) 하백(河伯)이 있는 곳에 심부름을 왔는데, 어부인 여차(余且)에게 잡혔습니다."

원군(元君)이 꿈에서 깨어나 몽점관(夢占官)에게 이 꿈을 점쳐 보게 하였다.

그랬더니 꿈을 해몽하는 이가 말했다.

"이 거북이는 〈예언력을 가진〉 신령스러운 거북입니다."

그리하여 원군(元君)이 좌우의 측근에게 말했다.

"어부 가운데 여차(余且)라는 자가 있는가?"

좌우의 신하가 말했다. "있습니다."

원군(元君)이 말했다. "여차를 조회에 나오게 하라."

다음 날 여차가 조회에 나오자, 원군(元君)이 말했다.

"물고기 잡으러 가서 무엇을 잡았는가?"

여차(余且)가 대답했다.

"제 어망에 흰 거북이가 잡혔는데, 등껍질의 지름이 5척이나 됩니다."

원군이 말했다. "그대의 거북이를 나에게 헌상하라."

그리하여 거북이가 오자 원군은 재차 이 거북이를 죽일까 살릴까 망설이다가 의심이 들어 점을 치게 하였다. 그랬더니 '거북이를 죽여서 그것을 가지고 점치면 길할 것이다.'라고 하였다. 마침내 거북이의 배를 가르고 내장을 다 꺼내고서 점을 치니 72번이나 갑라(甲羅)에 구멍을 뚫어 점을 쳤는데 한 번도 길흉이 들어맞지 않은 일이 없었다.

이 이야기를 들은 공자는 다음과 같이 논평하였다.

"비록 최고의 지혜를 가지고 있는 사람이 있다 하더라도 만인(萬人)이 중지(衆知)를 모아 그를 해칠 수 있다."

-『장자』「외물 편」

헛똑똑이 호랑이와 거북의 이야기였다. 호랑이는 불필요할 만큼 허세를 부린 결과로 다시 함정에 빠져서 사냥꾼에게 가죽을 제공하게 되었다. 장안 귀신 다 부리며 신출귀몰할 것 같은 거북이가 정작 어부의 그물에 걸려 있는 신세다. 심지어 살려달라고 남의 꿈속으로 들어갔다가 제 명만 재촉하고 말았다. 지혜가 오히려 화근이 된 것이다. 별의별 재주를 다 부리는 것 같지만 정작 중요한 게 뭔지 몰랐던 때문이다.

위의 이야기는 디지털 문명 속에서 살아가는 우리에게도 그대로 적용되는 이야기가 아닐까? 이미 우리는 오래전부터 주의 집중력이 떨어지고 있음을 스스로 인지하고 있다. 인터넷과 디지털 기술의 엄청난 발달로 똑똑한 세상을 경험하는 일상이 마냥 즐겁다. 게다가 얼마나 많은 편리를 삶의 여러 분야에서 받고 있는지도 잘 안다. 그런데도 우리는 주의력이나 인지력, 기억력 면에서 점점 퇴화하고 있음을 심각하게 느끼는 중이다. 이는 개개인의 나이 탓도 있고 주변 환경 때문이기도 하겠지만, 이런 현상을 이야기하는 이들이 점점 늘어나고 있다. 사람들은 이제 원하는 정보와 지식을 습득하기 위해 몇 시간 동안 책을 읽거나 도서관을 찾지 않아도 된다. 앉은 자리에서 쉽게 인터넷만 연결해도 바로 필요한 정보를 얻게 되었다. 오히려 많은 정보 속에서 정확한 지식을 가려내는 일이 어려워졌다. 그러나 이러한 편리함과 기술의 발달이 사람들의 뇌 구조를 변화시키는 것은 물론 생각하는 능력에까지도 영향을 주고 있음을 심각하게 인지할 때가 왔다. 한마디로 헛똑똑이 인생을 사는 사람들이 그토록 많은 이유가 바로 여기에 있는 것이 아닐까?

사냥꾼의 칼 앞에 목숨을 잃을 호랑이와 자신의 앞날도 모르던 신통력을 지닌 거북이처럼 우리도 눈뜬장님처럼 살아가는 것은 아닐지 돌아보아야 할 때이다. 헛똑똑이 인생을 만드는 그 주범이 무엇인가? 어쩌면 평생을 사색과 고독이 아닌 검색과 외로움 속에서 지내다 떠나야 하는 환경이 지금까지도 어리석은 호랑이와 거북 같은 사람들을 양산해내고 있는 것은 아닐까? 그렇다면 답은 명확하다. 이대로 검색만 하다 죽을 순 없는 노릇이다. 생각은 하고 살면서 결코 나는 헛똑똑이의 삶을 살지 않았다고 자신 있게 말할 수가 있어야 한다. 내 인생이 저기서 울게 내버려 둘 수는 없지 않은가?

#. 스마트폰이 모든 사람을 헛똑똑이로 만들까? 그렇지는 않을 것이다. 오히려 지혜롭고 현명하게 만들어 줄 것이다. 그 기준은 어디에 있을까? '나는 생각하면서 살고 있는가?'

3

클릭의 유혹에서 사색의 온기로

　스칸디나비아반도에는 '레밍'이라는 쥣과의 설치류가 산다. 그런데 그 레밍들은 단체로 절벽 아래로 뛰어드는 '자살 쇼'를 벌이는 것으로 유명하다. 이 이상한 집단 자살 행위는 이렇게 시작된다. '어느 날 몇 마리의 레밍이 무작정 뛰기 시작한다. 그러면, 주변의 수많은 레밍은 영문도 모르고 따라 뛴다. 그런 식으로 그들은 서로 아무런 이유도 모른 채, 다른 레밍들이 뛰니까, 뛰게 된다. 그렇게 수천 마리가 함께 뛰고, 절벽을 만나도 멈출 수 없이 모두 아래로 떨어지게 되는 것이다.' 아직 이러한 현상의 이유에 대해서 밝혀진 것은 없지만, 특별한 이유도 없다고 한다. 그렇게 무작정 다수를 따라 하는 것을 '레밍 효과'라 한다. 그런데 이런 현상은 심지어, 우리가 진로를 설정하는 데도 강하게 나타난다. 대개 누군가가 조금 다른 길을 가면, 이렇게들 말하곤 한다. "네 꿈은 너무 비현실적이야. 지금은 스펙을 쌓기에 바빠야지.", "남들 다 영어 공부하는데, 너는 뭐 하는 거야?" 우리가 무리 속에 들어가 앉으려는 심리 또한 이와 다르지 않다. 다 하고 있으면 우린 더 이상 불안하지 않다. 그게 군중심리이고, 마치 레밍과 같이 행동하는 것이다. 이유도 모르고 그냥 우린 절벽으로 달려가게 된다. 이는 우리가 사용하는 스마트폰에서도 엿볼 수 있는 심리이다.

가끔 우리는 '내가 스마트폰에 너무 의존하는 것 같은데.'라는 불안감에 슬며시 주변을 둘러보게 된다. 그런데 주변을 보면 모두가 나처럼 스마트폰에 정신을 빼앗겨 사는 모습을 확인하게 된다. 그러면 우린 안심을 하게 된다. '다 하고 있잖아.' 다 하고 있으면 우린 더 이상 불안하지 않다. 군중심리이고, 그건 마치 레밍과 같이 행동하는 것이다. 이유도 모르고 그냥 우린 절벽으로 달려간다. "스마트폰에 의존한다고 해서 다른 사람에게 폐를 끼치고 있는 것도 아니고, 가능하면 앞으로도 이 상태를 계속 유지하고 싶다."라고 생각하는 사람들이 많다. 그러나 그것은 우리의 인생에 있어서 굉장히 소중한 것을 잃게 하는 생각이다. 스마트폰에 의존하게 됨으로써 우리는 귀중한 시간 대부분을 빼앗긴다. 그뿐만 아닌 의사소통 능력도 낮아지고, 인생에서 맛보는 충실감도 점점 얻기가 어려워진다.

스마트폰의 가장 큰 문제는 우리 자신의 꿈을 찾고 이루는 능력을 약하게 만든다는 것이다. 인간은 기본적으로 도파민을 얻기 위해 행동하는 동물이기 때문이다. 예를 들어, 어떤 행위로 고통이 있을지라도 거기에 쾌락

(도파민)을 맛볼 수 있다는 것을 알게 되면 인간은 행동에 나선다. 그렇기에 꿈과 목표를 이루려 어려움에 맞서고 노력하는 것이다. 지금의 젊은 세대는 '득도세대'라고 불리며 스마트폰 환경이 너무도 당연시된 채 성장해 온 디지털 원주민이다. 그래서 그런지 요즘에는 커다란 꿈을 가진 사람이 드물다는 것을 느낀다. 이미 스마트폰이 원인이 되어 꿈을 가지지 못하게 된 것은 아닐까? 세상에 눈을 떠갈 때부터 스마트폰을 사용하면서 머릿속이 도파민으로 가득 차 있는 일상이라면, 꿈이라는 인생의 목표를 향해 나아갈 필요성도 느끼지 못할 것이다. 왜냐하면, 우리는 이미 행복하고 만족하고 있기 때문이다. '득도세대'가 아니라도 스마트폰을 계속 사용함으로써 우리는 무의식중에 꿈을 이룰 필요성이 없어지고 있는 건 아닐까? 그렇기에 우리는 스마트폰의 사용법, 습관을 지금이라도 바꿔야만 하는 것이다.

스마트폰은 사용하기 나름이긴 하지만, 단순히 흥미 위주에서 벗어나 보다 현명한 사용법을 알게 된다면 스마트폰은 꿈과 목표를 이룰 수 있도록 응원을 해줄 것이다. 우스갯소리로 스마트폰에는 노란색, 초록색, 파란색 3가지 색밖에 없다고 한다. 카카오톡, 네이버, 페이스북을 의미한다. 편리한 세상이지만 스마트폰이 우리의 시간을 빼앗아 가는 도둑 같다는 느낌이다. 잠시 들여다본 스마트폰 속에 2시간 이상을 꼬박꼬박 빼앗기는 사람들이 넘쳐난다. 스마트폰으로 인해 고민하는 시간이 줄어들었다. 사색의 재미와 의미가 사라졌다. 창밖을 보며, 길을 걷다가, 자투리 시간에 사람들이 떠올리던 생각의 틈이 사라진 것이다. 이것은 대단히 중요한 문제이다. 그 시간에 우리는 실시간 검색어를, '좋아요'를 연신 누르며 시간을 보내게 된다.

왜 우리는 이토록 상시 접속을 원하는 것일까? 왜 이렇게 타인의 삶에 지나칠 정도로 관심을 쏟는 것일까? 거기에는 현대 사회가 가진 '소외'의 문제가 늘 따라다니기 때문이다. 요즘은 외로움을 어딜 가나 토로하는 사회이다. 무한 경쟁에 힘들고 조금이라도 도태된다고 느낌을 주는 두려움은 더 현실감 있게 사람들을 위협한다. '나는 어디에 있는 걸까?' 이렇게 힘들 때 누가 내 옆에 함께할 사람이 있었으면 하는 마음. 이러한 사회 구조에 지친 사람들이 끊임없이 곁에 누군가가 있어 주기를 원하는 것이다. 의식적으로 이러한 악순환과 단절에서 벗어나게 하는 유일한 방법은 역설적으로 '혼자 있는 힘'이고, '고민하는 힘'이다. 그러나 우리 손에 들려져 있는 이 손바닥 기계는 우리의 사색과 혼자 있음조차 집요하게 막아서고 있다. 늘 집에 갈 때 고민하며 걷던 그 길도 이제는 눈길도 주지 않는다. 세상과 나를 연결해 준다는 조그만 기계가 오히려 자신의 세상과는 벽을 지게 하는 건 아닌지 돌아봐야 할 때다.

초등학생들의 생활 속 스마트폰의 환경은 어떠할까? 한 반에 30명이 스마트폰을 가지고 있는 요즘, 스마트폰은 어린 친구들의 절친이자 필수 아이템이 되어버렸다. 대화보다 채팅이 편해진 어린 친구에게 이제 현실 세계보다 가상 세계가 더 익숙하다. 그리고 그 가상 세계에서 끊임없이 소통하고 활동하느라, 자신의 생활을 소홀히 여기게 된다. 친구들이 옹기종기 모여 있는 교실 풍경과 친구들과 모여 웃고 떠들며 보내는 즐거운 시간을 상상해보지만 요즘 교실 풍경은 다르다. 손안의 PC, 내 요구는 뭐든 잘 들어주는 스마트폰을 들여다보느라 수다는커녕 옆 친구의 눈조차 마주칠 일이 없기 때문이다. 함께 있든 각자 자리에 앉아 있든 말없이 스마트폰에 몰두하는 어린 친구들의 모습은 어찌 보면 '각각 떨어져 있는 섬'과도 같다.

이제 어린 친구들은 운동장과 놀이터가 아닌, 스마트폰 채팅 공간에서 채팅으로 대화를 나눈다. 이렇다 보니 친구들에 비해 늦게 스마트폰을 가지게 된 친구들은 소외감을 느끼게 된다. 스마트폰이 최신 기종이냐 아니냐에 따라 친구의 등급이 매겨지기도 하는 씁쓸한 교실 풍경은 스마트폰이 과연 똑똑하고 유익하기만 한 도구인가란 의문점을 던져준다. 우리는 스마트폰을 자신의 꿈에 가까이 다가가기 위한 도구로써 사용해야 한다. 그럴 때만이 문명의 이기는 그 가치를 다 하고 우리의 인생의 꿈과 목표를 이루기 위해 자신을 바꿔나갈 수가 있다. 모두가 외로움에 부르르 떨고 있다. 누군가를 절실히 바라고 있지만 누군가가 정작 내 곁에 오면 거리감을 느낀다. 군중 속의 외로움처럼, 관계를 원하지만 관계가 불편한 세상 속에서 우리에게 필요한 처방은 뭘까? 클릭의 유혹에서 벗어나 사색의 온기로 들어가는 것이다. 혼자 있는 시간의 힘을 깨닫자. 그리고 고독의 시간을 활용하기 위해서라도 하루 중 의도적으로라도 멍하니 있는 시간과 책을 접하는 시간을 가져보는 것은 어떨까?

#. 우리는 남들과 같은 행동을 하고 있으면 묘한 동질감과 편안함을 느낀다. 레밍의 무리처럼 말이다. 그들이 향하고 있는 방향이 어디인지는 중요하지 않다. 그들에게 중요한 것은 '우리는 함께하고 있다.'라는 사실이니까. 함께하고 있으면 불안하지 않다. 아니, 더 정확하게는 불안하지만, 그 불안을 금방 무시해 버릴 수가 있다. 인간은 보고 싶은 것만 보고, 듣고 싶어 하는 것만 듣는 불안정한 존재이기 때문이다. 그 속에서 우리는 '꿈'과 '목표'를 잃어가고 있는 것이 아닐까?

알고리즘이 뭐래도 난 나대로 산다

　세계적인 규모의 기업들이 스마트폰 세계를 지배하고 있다. 그들은 상당히 강력한 시스템을 만들고 있다. 그 선두에 서 있는 것이 바로 Google과 Face book이다. 두 곳 모두 자사의 시스템으로 사람들이 상당한 시간을 사용하게 만드는 교묘한 전략을 갖고 있다. 예를 들면, 사람이 빠져나가고 싶지 않게 만드는 장르의 하나로써 동영상 제공 어플인 YouTube가 있다. 이것도 Google의 서비스 중 하나이다. YouTube의 동영상은 짧은 것이 많은데 짬이 나는 시간에 잠깐 볼 수 있는 것으로 생각할지 모르지만, 관련 동영상이 쉼 없이 계속 이어지기 때문에 자신도 모르는 사이에 그 영상들을 클릭해서 보게 되어 있다. 그러다 보면 어느새 '상당한 시간'이 지나 있음을 깨닫게 된다. 스마트폰으로 각종 동영상을 보다가 수면 부족으로 이어진다는 사람들이 많아졌다. 구글과 페이스북은 사용자의 시선을 교묘히 분산시키기 위해 여러 가지 장치를 걸어두고 있다. YouTube를 비롯하여 구글의 서비스는 자동으로 웹서핑을 시키는 것 같은 장치를 만든다. 마치 공부하고 있는 듯 착각에 빠져들게 하여 사용자의 흥미를 분산시켜 집중할 수 없게 만들고 있다.

이들 세계적인 기술을 가진 공룡들이 소비자들에게 바라는 점은 한 가지다. 죽을 때까지 인터넷과 게임 속에서 머무르라는 것이다. 실로 이 YouTube의 덫은 무섭다. 잠깐만 들여다볼 생각으로 짧은 동영상을 들여다볼라치면 어느새 관련 영상들의 리스트에 뒤덮이고 만다. 어느새 클릭의 덫에 빠져들고 있는 자신을 보고 소스라치게 놀란 적이 한두 번이 아닐 것이다. 모든 스크린에는 일명 '덫'들이 무수히 깔려 있다. 문서 작업을 위해서 잠시 웹 검색하는 도중 엉뚱한 제목의 기사를 보게 되면 웬만한 의지가 아니고선 그 덫을 클릭하지 않을 수 있는 사람은 거의 없다. 그렇게 그 클릭의 파도를 타면서 본래 우리가 의도하던 바와 전혀 다르게 웹 안을 헤매는 자신을 발견하게 된다. 그렇게 덫들을 클릭하는 사이에 소량의 도파민이 우리의 뇌에 짜릿하게 자극을 준다. 그들은 우리의 주의와 집중력을 최대한 분산시켜서 인터넷 안에서 오래 머물게 덫을 설치하고 있다. 이러한 형식에서 우리 사고의 회로는 어떤 변화와 타격을 받게 될까?

『생각하지 않는 사람들』의 저자인 니콜라스 카의 인터넷과 책과 인간의 사고방식에 관한 유명한 사설을 읽어본 사람도 있겠지만 안 읽어본 사람은 읽어보기를 추천한다. 특히 독서에 장시간 집중하기 어렵다고 느끼거나, 금방 딴짓하고 싶다고 느끼거나, 조금이라도 긴 글을 보면 세 줄 요약을 찾고 싶어 하는 사람들은 한 번쯤 읽어보면 좋겠다. 우리 대다수가 이미 많건 적건, 긴 글이나 책을 읽는 것이 옛날보다 뭔가 어려워졌다고 어렴풋이 느끼고 있다면 말이다. 니콜라스 카의 그 사설을 실어보기로 한다.

"구글은 우리를 바보로 만드는가"

"내가 아는 한 나의 정신은 변하지 않으려고 하고 있지만 실제로는 나의 정신이 변하고 있다. 나는 예전에 생각하던 방식으로 생각하지 않고 있다. 나는 글을 읽을 때 가장 강렬하게 그걸 느낀다. 책이나 긴 글에 몰입하는 것은 쉬운 일이었다. 내 마음은 이야기나 논쟁에 완전히 사로잡히곤 했고, 나는 길고 무미건조한 글 속에서도 몇 시간씩 거닐곤 했다. 하지만 이제는 더 이상 그렇지 않다. 2, 3 페이지만 글이 넘어가면 집중력이 떨어지기 시작한다. 안절부절못하고, 글의 맥락을 놓치며, 다른 할 일을 찾기 시작한다. 나는 마치 말을 듣지 않는 뇌를 문장에 억지로 끌어다 놓는 것처럼 느껴진다. 예전에는 참 자연스럽게 가능했던 깊은 독서가 이제는 격렬한 투쟁이 되어버렸다. 의학 분야에 있어서 컴퓨터의 유용성에 대하여 정기적으로 블로그를 써온 브루스 프리드먼도 인터넷이 그의 정신적 습관을 어떻게 변경시켰는지를 기술하였다. 그는 올해 초에 이렇게 썼다. 나는 이제 웹이 됐건 출판물이 됐건 긴 글을 읽고 흡수하는 능력을 아주 상실해버렸습니다." – 니콜라스 카의 사설

확실히, 인터넷이 보편화되고부터 사람들이 책을 덜 읽고 더 어려워하는 건 사실이다. 긴 글을 읽는 능력도 긴 글을 쓰는 능력도 약해졌다. 정말 우리는 구글로 인해 바보가 되는 것일지도 모르겠다. 그런데도 나는 알고리즘이 뭐라고 해도 나는 나대로 산다는 삶의 방식을 고수하고자 한다. 알고리즘을 무시하는 가장 좋은 방법은 뭘까? 바로 완벽한 차단이다. 하루 중 정말 중요한 시간, 누구에게도 방해받지 않는 시간에 우리는 무시무시한 결정을 해야 한다. 내가 이런 말을 하면 아마 사람들은 기겁할지도 모른다. 자발적으로 그러한 행동을 하는 사람을 본 적도 없지만, 그들 자신도 그러한 방법과 시도를 한 번도 해 보지 않았을 가능성이 크기 때문이다. 그 시도는 뭘까? 바로 스마트폰을 끄는 것이다. 완전히 끄는 것이다. 아마도 금단증상이 생겨나서 안절부절못할 것이다. 스마트폰을 다시 켜는 그 시간조차 너무도 느리게 느껴져서 조바심이 날 것이다. 그러나 일주일에 한 번씩이라도 좋다. 의도적으로 완전 끔을 통해서 이 손바닥 감옥에서 벗어나는 경험은 알고리즘이 아무리 떠들어도 나는 나대로 살겠다는 의지를 보여주는 단독자로서의 멋진 표현방식이다. 당신에게도 권해본다. 완전 자유의 실행을 말이다. 단 몇 시간만이라도 좋다. 처음은 어색하고 힘들지라도 의외로 새로운 경험을 통해서 깨달아지는 부분이 있을 것이다.

"인터넷 장기 사용의 가장 큰 폐해는 중요한 것과 중요하지 않은 것을 구분해 내기가 어려워지는 것이다."

– 프랑크 쉬어마허

#. 구글의 사훈은 '사악해지지 말자'이다. 그런 구글조차 수익의 극대화를 위해서 인간의 심리를 연구하고 어떻게 해야 자신들이 만든 시스템 안에서 사람들이 더 오래 머물면서 시간을 쏟아붓게 할 수 있는지를 궁리한다. 실상은 그게 바로 인간들을 이용하는 사악해지는 결과이다. 그로 인해 생기는 온갖 폐해들을 우리는 지금 목격하고 있지 않은가? 우리의 인생은 그들이 조정하는 꼭두각시가 아니지 않은가?

'좋아요'를 끄고 나를 켜다

우리의 생활과 공부에 도움이 되는 듯 보이나 실제로는 우리의 뇌에 계속 불필요한 자극을 주어 마냥 시간을 사용하게 하는 것이 스마트폰 서비스의 특징이다. 카톡과 페이스북, 인스타그램 등의 SNS도 궁극적으로는 커뮤니케이션을 계속하게 하여, 이 공간에서 시간을 사용하게 한다. 이런 목적이기 때문에 그로 인해 생겨나는 자극을 중시한 여러 가지 기능을 차례로 제공한다. 예를 들어 페이스북의 '좋아요' 버튼에 감정을 표현하는 패턴이 추가됨으로써 일견 편리성이 늘어난 듯 보인다. 이는 결국 '다채로운 자극을 제공하는 덫'의 또 다른 출현이라고 할 수 있다. SNS에서는 단순하게 커뮤니케이션으로 '스트레스를 낮춘다'라는 설정으로 도파민을 계속 나오도록 하는 것이다.

인간에게 있어 커뮤니케이션의 욕구는 본능적으로 상당히 강한 것이다.

'좋아요' 버튼이 사람의 본능적인 욕구를 채워주는 것은 타인으로부터의 '반응이 있다'라는 절묘한 장치이다. 왜냐하면 사람은 다른 사람의 반응으로 존재 의식을 가지게 되기 때문에 무의식적으로 반응을 구하려고 장시간 접속을 하는 것이다. 반응이 있으면 있는 만큼 스트레스가 내려가고 그것에 의해 시간을 빼앗겨 간다. 스트레스가 내려감으로써 나오는 도파민에 의해 사람은 의존하고, 그로 인해 SNS를 그만둘 수가 없게 되는 것이다. 커뮤니케이션의 요소는 인간에게 있어서 그만큼 강력한 쾌락이고, 게임과 동영상도 거의 그와 같은 수준이라고 볼 수 있다.

2015년 8월 24일은 페이스북 하루 이용자가 10억 명을 돌파한 날이다. 하루 동안 이 지구상의 사람들 7명 중 1명은 페이스북에 접속한 것이다. 페이스북의 마크 저커버그는 "지금 막 우리는 중요한 이정표를 지났다. 전 세계를 연결하는 일은 이제부터 시작"이라며 기록경신을 기뻐했다고 한다. 그러나 씁쓸하게도 다른 한쪽에서는 이 디지털 미디어의 세상으로 인해 지금까지 우리가 겪어보지 못한 새로운 심적 고통을 호소하는 환자들이 늘어나고 있었다. 스마트폰과 소셜 네트워크의 영향력에 의해 중독된 사람들, 현실과 온라인상의 자아의 차이로 혼란이 오는 사람들이 많다. 신뢰하던 사람의 SNS 글에 충격을 받고 정신적 공황에 빠진 사람들이 급증한다. 심리학자들과 정신과 상담의들은 이 유례를 찾을 수 없이 낯선 상황을 이해하고 대처하기 시작했다.

그 가운데 『페이스북의 심리학』의 저자인 미국 임상심리학자 수재나 E. 플로레스 박사는 소셜 네트워크의 장기적 영향을 우려하며 전 연령대 페이스북 이용자들을 대상으로 인터뷰를 진행했다. "혹시 당신은 현실의 인간관계를 SNS의 인간관계보다 뒷전에 두지는 않는가? 자신도 모르게 생각보다 훨씬 오래 페이스북에 머무르는가? 다른 일을 하다가도 페이스북을 생각하는가?" 질문 중 어느 하나라도 그렇다면 당신은 SNS에 중독되었을지도 모른다. 플로레스는 소셜미디어에 중독된 많은 사람의 경우, 실제로는 "페이스북이 문제가 아니다."라고 말한다.

거의 모든 중독 행동은 자신의 현실적 문제와 사건을 직시하지 않기 위해 다른 것에 몰두하면서 위안을 찾을 때 나타나기 때문이라는 것이다. 따라서 자신이 얼마나 자주 SNS에 접속하는지, 얼마나 오래 그곳에 머무르는지 관찰하고 자기 행동 패턴을 이해해야 한다. 그 후 페이스북이나 트위터 등에 접속하게 만드는 근본 원인이 무엇인지 아는 것이 중요하다고 한다. 그 계기는 직장 생활의 따분함처럼 단순한 것일 수도 있고, 아니면 훨씬 더 심각한 일일 수도 있다. 우리는 누구도 하루 24시간 내내 이 가상의 온라인 안에서 머물 수가 없다. 그곳은 신기루의 세상이다. 실재하지 않는 세상이다. 우리는 그 속에서 잠시 머물다가도 때가 되면 오프라인의 현실로 돌아와야 한다. 온라인 세계가 아무리 매력적이라고 하더라도 현실을 대체할 수는 없을 것이다. 그러므로 혹시라도 당신이 만약 SNS에 중독되었다고 느낀다면 지금까지의 방법을 벗어나 적극적이고 효과적으로 그 족

쇄를 끊을 필요가 있다.

플로레스는 "우리의 내면에는 새로운 기술 문명과 소셜미디어가 제공하는 기능들을 신중하게 즐기면서도 자신에게 솔직하고 다른 사람들과 긴밀히 관계 맺는 힘이 존재한다"고 말한다. 요즘 우리의 모습은 어떤가? 아름다운 장면, 재미있는 이야기, 멋진 아이디어가 있다면, 가장 먼저 SNS에 올리고 싶어 한다. 하지만 이제는 그 충동적인 업데이트의 행동을 하기 전에 잠시 여유를 가지고 잠시 그 상황을 다시 들여다볼 필요가 있다. 페이스북을 비롯한 SNS는 우리가 상상하는 것보다 더 무섭게 사람들의 감정적 반응에 영향을 미친다. 그리고 많은 사람의 삶을 무너뜨리게 할 수 있다. 단지 아무 생각 없이 올린 그 포스팅만으로도 말이다. 게다가 우습게도 우리는 페이스북의 그 '좋아요'의 개수가 우리의 존재가치를 결정한다는 듯이 인식하고 살아가고 있다.

SNS상에서의 대부분 사람은 모두가 멋진 순간들만을 업데이트한다. 세상에 보여주고 싶지 않은 자신의 나쁜 기억과 모습은 깔끔하게 걸러내고 포장도 아주 그럴듯하게 잘한다. 이는 바로 있는 그대로의 자기 삶을 내비치지 않는 것이다. 그런데 사람들은 그토록 왜 페이스북을 비롯한 SNS 때문에 고통을 받고 힘들어하면서도 탈퇴하지 못하는 것일까?

이유는 단순하다. 우리는 이미 SNS에 중독된 것이다. 우리는 이제 어쩔 수 없이 우리가 공유하는 대상과 방식으로 우리의 자아를 형성하고 있다. 이는 문자 그대로 '생각하는 대로 사는 삶이 아니라, 사는 대로 생각하는 삶'이 되어 가고 있는 것이다. 페이스북 친구들의 '좋아요', '댓글', '공유하기'를 통해서 우리의 인생은 짜맞추기, 끼워서 맞추기의 삶을 사는 데 필요한 것들의 메시지를 습득하게 된다. 무엇이 수용되고, 무엇을 해야 하고, 이 속에서 살아가기 위해서는 어떤 사람이 되어야 하는지를 말이다. 이렇게 가상 세계에서의 스타가 되고 대중의 인정을 받는다는 착각은 사람을 도취시키게 한다. 이런 생각과 행동이 하루에도 몇 번씩 SNS를 확인하게 하고 상태 업데이트를 확인하고 또 확인하게 한다. 죽을 때까지 확인하게 하는, 중독에 가까운 행동으로 이어지는 것이다. 처절한 악순환의 반복임이 틀림없다.

'좋아요'를 끄고 나를 켜야 하는 시간이다. 타인의 욕망을 욕망하는 세상. 타인의 삶을 추앙하는 세상 사람들 속에서 자신의 고유한 중심을 잡는 첫걸음은 바로 '좋아요'를 끄고 나를 켜는 것이다. 이를 위해 가장 우선시되어야 할 것은 남들의 삶을 챙겨주려고, 응원해주려고 '좋아요'를 누르고 댓글을 다는 무의식적인 낭비 행위를 즉각 멈추는 것이다. 그리고 나를 챙기고, 응원해주고 자신을 제대로 대접하는 법을 배우는 것이다. 잊지 말자. 인생은 딱 한 번뿐이다. 그리고 이 사실을 아는 사람에게만이 두 번째 인생의 문이 열린다는 사실을 말이다. 그 두 번째 문이 열리는 것은 바로 나를 들여다보는 그때가 될 것이다. 그 과정에서 혼자 있는 시간의 힘과 독서는 당신의 든든한 북극성이 되어 줄 것이다.

#. 고무적인 사실은 서서히 사람들이 SNS의 위험성과 폐해에 관해서 관심을 두고 행동으로 나서는 사람들이 생겨나고 있다는 사실이다. 스마트폰과의 일시적인 작별, SNS를 비롯한 중독을 자아내고 집착하게 하고 세상과 비교하는 이런 상황과 이별하고 싶어 한다. 일부 어플을 삭제하고 운동과 독서로 남들과는 다른 의식과 도전으로 하루를 시작하려는 사람들이 늘어나고 있다는 사실이다. 결국 인간은 자신에게 어떤 행위가 이로운지를 알고 있다. 다만 그것을 외면하지만 않으면 말이다.

멀티태스킹을 멈추면 보이는 것들

우리는 틈만 나면 스마트폰을 만지작거린다. '~하면서 스마트폰'이라는 단어가 정착되고 있다. TV를 보면서, 밥을 먹으면서, 걸으면서 지하철과 버스를 기다리면서, 생활의 모든 장면에서 스마트폰을 들고 있는 사람이 늘고 있다. 물론, 목적이 있어서 사용하는 사람도 많다. 메일과 문자를 보내야만 한다든지, 조사하고 싶은 일이 있어서 검색하는 사람도 있다. '지금 나는 이것 때문에 스마트폰을 사용하고 있다.'라고 의식하면서 목적의식을 가지고 사용하는 장면은 확실히 있다. 한편으로는 특별한 이유도 없이 틈만 나면 스마트폰을 만지작거리는 상태도 적지 않다. 예를 들면, 지하철을 기다리는 그 몇 분 사이에도 그저 승차장에 서 있는 게 아니라 스마트폰을 꺼내어 조작하고 있다. 결과적으로 스마트폰을 이용하는 시간이 길어지고 게다가 그럴 필요가 없는 때에도 무의식적으로 스마트폰을 사용하는 상황에 빠진다. 어느 때에 주로 스마트폰을 사용하고 있느냐를 물어보면 가장 많은 대답이 '잠깐 기다리는 시간에 스마트폰을 만진다.' 그리고 '이동 중 스마트폰을 가지고 걸으며 체크'하고 있다. 화장실에 갈 때는 반드시 가지고 간다. 식사 중에도 스마트폰을 보는 것이 습관이 되었다. 왜 잠깐의 시간만 생기면 우리는 스마트폰으로 채워 넣으려고 하는 걸까? 그런 무의식 중에 넘어가 정신이 들었을 땐 이미 벗어날 수 없게 되는 것은 어떤 이유에서일까?

스마트폰 의존의 3요소

1. 간편성
2. 신체감각과 일치하는 것
3. 감각에의 자극을 얻기 쉬움

간편성에 대해서는 담배와 알코올 등의 의존을 생각하면 알기 쉬울 것이다. 간단하게 손에 넣을 수 있는, 입수 가능성이 큰 것이 의존하는 커다란 요인이다. 한국 성인 4명 중 3명이 스마트폰을 쓰고 있다. 디지털 만능기기가 된 스마트폰을 손에서 놓기 힘든 만큼, 어떤 면에서는 영리하지 못한 대가를 치러야 할 각오는 되어 있을까? 스마트폰에 열중하다가 변을 당하는 일들이 자주 벌어지고 있다. 그래서 특별한 주의가 필요하다.

2013년 4월 3일 미국 콜로라도에서 한 대학생은 운전 중 아이폰에 문자를 넣고 있었다. "좋은 생각이야, 곧 봐, 나도." 문장을 마치기도 전에 차는 중앙선을 넘어갔고 그는 마주 오던 차를 피해 핸들을 돌렸는데 차는 그만 길 밖으로 굴러떨어졌다. 그렇게 대학생은 죽었다. 지난여름 한강 변에서는, "한밤중에 길을 건너던 여대생이 뺑소니 차량에 치여 숨졌습니다. 스마트폰 이어폰을 사용하다 변을 당한 것으로 보입니다."(YTN 뉴스)

　이와 함께 가장 문제가 되는 것이 바로 멀티태스킹의 위험이 아닐까? 몇 가지 일을 함께 수행하는 것을 멀티태스킹이라고 한다. 우리의 주의력이 그만큼 높다고 자부하는 이들은 도대체 무슨 자신감과 근거로 그러는 걸까? 의문스럽기만 하다. 카페에서 두 젊은이가 앉아서 서로 스마트폰을 보면서 또 대화하는 모습을 흔하게 볼 수가 있다. 이처럼 둘 이상의 과제를 동시에 수행하는 것을 다중과제 수행(multitasking)이라 한다. 메시지도 보고, 동시에 날씨도 검색하고 음악도 듣는다고 해서 삶이 더 풍요로워지는가? 특히 젊은이들은 자신이 멀티태스킹을 잘할 수 있다고 생각한다고 한다. 카페나 거리에서뿐만 아니라, 수업 중에도 스마트폰을 꺼내 놓고 만지작거린다. 그러나 멀티태스킹이 가능하고 또 이익이라는 생각은 환상에 불과하다. 한쪽 귀로 들리는 녹음내용을 타자하면서 친구와 대화해보라. 어느 정도 성공할 수 있는가? 아마 대부분 손을 내저을 것이다. 멀티태스킹의 문제는 무엇일까? 수업을 들으면서(혹은 대화하면서), 메시지를 보내는 것과 같은 흔한 상황을 놓고 생각해 보자. 수업 듣는 데에도 어느 정도의 주의(양)가 필요하고, 메시지를 보내는 데에도 어느 정도의 주의(양)가 필요하다.

인간이 한순간에 쓸 수 있는 집중의 양에는 일정한 제한이 있다. 그런데 각 과제에 필요한 집중의 양을 합한 것이 내가 쓸 수 있는 주의 총량을 초과한다면? 바로 그때 과부하가 걸린다. 그러면 우리는 일을 어느 한 쪽이나 두 쪽 다 제대로 처리할 수 없게 된다. 어떤 단어를 듣지 못하거나, 문맥을 놓치거나 하면서 말이다. 이처럼 멀티태스킹으로 인한 과제 수행의 손실이 점차 발생하는데, 이런 주의 편중이 심해질수록 손실은 더 커진다. 눈 가리고 귀 막은 상태가 되는 것이다. 두 과제에 멀티태스킹을 하면서도 그 이익은 크지 않다고 한다. 오히려 일하는 속도도 떨어지고 실수도 더 자주 발생하기 쉽다. 정신없이 한 일은 기억도 잘되지 않을 수 있다. 멀티태스킹으로 생산성이 오히려 떨어진다고 여러 연구가 주장한다. 그런데도 왜 스마트폰을 끼고 공부하고 일하려고 다들 혈안이 되는 걸까?

아쉽게도 멀티태스킹은 인간의 두뇌 특성을 거스르는 대표적인 행동 중 하나이다. 인간의 두뇌에서 가장 중요한 부분은 전두엽이다. 전두엽은 이성적이고 논리적인 사고를 하며 합리적인 판단을 내리는 사고의 중추일 뿐 아니라 두뇌의 전 영역을 조율하여 최상의 결정을 내려주는 CEO 역할을 하기 때문이다. 하지만 멀티태스킹은 전두엽의 기능을 제대로 활용할 수 없게 만든다. 전두엽 중에서도 가장 앞쪽에 있는 전전두엽은 특히나 두뇌활동에 있어 핵심적인 역할을 담당한다. 전전두엽이 뇌에서 차지하는 용량은 전체 두뇌 부피의 4~5%에 불과하다. 부피가 작다는 것은 그만큼

의식적인 사고 활동에 동원될 수 있는 뉴런의 숫자가 상대적으로 부족하다는 것을 의미한다. 게다가 전전두엽에서 일어나는 사고 활동은 높은 에너지 소모가 필요하다. 인간의 두뇌는 신체의 2~3%에 불과하지만, 전체 에너지의 20% 정도를 소모하는 에너지 몬스터이다. 특히나 전전두엽에서 사고 작용이 활발해지면 에너지 소모가 급격하게 빨라진다. 그래서 한 번에 여러 가지 일에 집중하게 되면 평소보다 에너지 소모가 훨씬 더 빨라지고 이는 필연적으로 집중력의 저하를 가져오게 된다. 끝으로 지적하고 하고 싶은 것은 '~하면서 스마트폰'이 우리의 걸음걸이까지 변화시킨다는 사실이다. 길을 걸으며 스마트폰을 사용하면 보폭의 변화는 물론 걷는 모습이 우스꽝스럽게 변한다는 영국 과학자들의 연구 결과 발표가 있었다.

최근 과학자들이 스마트폰을 사용하면서 거리를 걸으면 사용자 본인은 타인과 부딪히지 않기 위해 신중하게 걷는 것처럼 느낀다고 한다. 정작 다른 사람들이 보기에는 우스꽝스러울 수 있다는 연구 결과를 발표했다. 영국 앵글리아 러스킨대와 에섹스대 공동연구진은 스마트폰 사용이 사람들의 걷는 방식을 바꾼다는 연구 결과를 발표했다. 연구팀은 스마트폰 사용이 사람의 행동을 어떻게 변화시키는지 알아보기 위해 실험 대상자 21명을 선정한 뒤 머리에 안구 추적기와 동작센서를 장착해 5.6m의 거리를 걷게 했다. 아무것도 없는 상태와 각종 장애물이 설치된 상태에서 스마트폰을 사용할 때와 스마트폰을 사용하지 않을 때 각각 걸음걸이에 어떤 변화가 생기는지 관찰한 것이다. 그 결과 같은 거리를 걷더라도 스마트폰을 사용하면 걷는 속도가 2배 이상 느려진다는 사실을 발견했다. 또 장애물이 있는 상황에서 스마트폰을 사용하면 걷는 속도는 3배가량 느려진다고 한다. 재미있는 것은 장애물이 있다는 것을 인식하고는 있지만 정확한 장애물의 위치를 알지 못하는 상태에서 부딪히지 않기 위해 움직인다. 그 때문에 영화의 주인공처럼 걷는 모습이 다른 사람이 보기에는 우스꽝스러워진다는 것이다. 통화를 하거나 문자메시지를 보내면서 주변을 살피는 것처럼 보인다. 그러나 스마트폰 사용자의 시선에는 장애물이 제대로 인식되지 않는다는 사실도 밝혀졌다.

  스마트폰을 사용하다 보면 거기에 신경이 집중되기 때문에 주변 사물을 제대로 인식하지 못하는 '맹점'이 생기기 때문이다. 길거리에서 통화를 하거나 문자메시지를 보낼 때 힐끔힐끔 주변을 살핀다고는 하지만 다른 사람과 부딪친 경험은 누구나 한 번쯤 있었을 것이다. 걷거나 운전하면서 스마트폰을 사용하면 사고 위험이 증가하는 이유이기도 하다. 멀티태스킹을 멈추면 비로소 보이는 것들이 있다. 밥을 먹으면서 스마트폰을 보지 않으면 얻는 것이 있다. 길을 걸으면서 스마트폰을 보지 않으면 얻는 것이 있다. 지하철에서 스마트폰을 보지 않고 독서를 하거나 창밖을 내다보기만 해도 얻는 게 있다. 다른 사람과 대화할 때 스마트폰을 가방 깊숙이 넣어두거나 전원을 끄고 나서야 얻는 게 있다. 그건 바로 우리가 너무나 소중한 것들을 놓치면서 살아왔다는 사실이다. 그 소중함은 바로 소소한 일상의 추억과 행복이다. 멀티태스킹을 멈추고서야 나는 그걸 체감하고 있다. 당신에게도 권한다. 일상의 추억과 행복 만들기를.

#. 어린 시절 전자오락실을 떠올린다. 한창 전자오락에 빠져 있어도 일정 시간이 지나면 우리는 반강제적으로 자리를 떠나야 했다. 콩나물 심부름을 보낸 엄마가 오락실에 앉아 있는 우리의 귀를 잡아당기면서 집으로 끌고 가기도 하고, 오락실도 밤이 되면 문을 닫기 때문이다. 그런데 그 오락기가 침대와 화장실과 밥 먹을 때도 휴대할 수 있어서 온통 거기에 빠져있다면 과연 그 아이의 뇌는 어떻게 될까? 온통 도파민으로 가득 차서 위태로울 것이다. 바로 지금의 우리 아이들이 그런 위기의 순간을 맞고 있다. 일상의 추억과 행복은 어디로 갔는가?

'검은 거울'에서 인정 욕구를 찾는가

　요즘 우리 사회를 보면서 드는 생각은 '인정 욕구'가 너무도 과하다는 생각을 자주 한다. 매일 카톡이나 페이스북에서 '좋아요'를 받지 못하면 사는 의미를 찾을 수가 없는 듯하다. 가령, 무엇을 먹었다고 SNS에 올려도 '좋아요', 어떠한 일을 완료 후 올려도 '좋아요'를 원하게 된다. 이런 식으로 세상에 관심을 받으면 그날의 자신은 세상으로부터 인정받았다는 의미로 받아들여지는 것이 된다. 지인들뿐 아니라 불특정 다수의 많은 사람이 무조건 '좋아요'를 눌러 주기를 원하는 모습이 과연 정상적으로 보이는 걸까? 잘 알고 있든 모르는 사이든 간에 되도록 많은 사람에게서 칭찬받거나 인정받고 싶은 욕구가 강한 것이다. 이런 현상으로 우리는 물질적인 욕구만큼 인정받고자 하는 욕구가 무척 강한 편이다. 인간관계 속에서 그렇게까지 자신의 존재가치를 확인하면서 살아간다는 것은 어떤 의미에서는 대단히 불안정하고 미숙함마저 느끼게 한다. 그렇게까지 인간관계의 끈에 집착하는 것은 고독과 외로움에 대한 두려움 때문이 아닐까? 설령 혼자 있어도 그것이 우리의 삶에서 얼마든지 있을 수 있는 상황이고 아무렇지도 않은 것으로 생각하고 받아들인다면, 습관처럼 SNS에 사진을 올리고 '좋아요'와 댓글에 집착하지 않아도 될 일이다.

지금의 우리는 끝없이 달리는 폭주 기관차처럼 언제까지고 그 인정과 관심받기를 멈추지 못한다. 카톡으로 메시지가 도착하면 바로 대답해 주지 않으면 불안하고 초조한 경험은 모두가 일상으로 느끼고 있을 것이다. 단체 대화방 속의 수백 개의 읽지 않은 메시지를 일일이 읽고 서로의 이야기에 반응하느라 바쁘다. 그런 사람들을 보면 드는 생각은 바다에서 어선의 꽁무니나 쫓아다니면서 먹이를 구하며 얕은 '저공비행'만 하는 갈매기가 떠오른다. 태평양 저 높은 하늘을 나는 갈매기처럼 자신을 아주 높은 곳에서 키우는 것이 아니라 '인정받기'라는 현재의 먹이를 얻으려고 항상 낮은 수면에 얼굴을 내밀고 있는 상태 말이다.

사람들은 스마트폰을 손에 쥐고 SNS 속에서 인간관계를 넓히면서 일상에서 수많은 커뮤니케이션을 늘려간다. 잠들기 직전까지 가상 세계의 친구들과 교류하느라 정작 자신만의 시간은 전혀 없다고 보는 게 맞다. 그런 인정 욕구에 목말라 하는 커뮤니케이션 과잉 증후군이 점점 심해진 결과, 지하철 안에서 책을 읽는 사람을 이제는 찾을 수가 없게 되었다. 지하철에서 책을 읽는 사람을 본 지가 오래되었다. 지하철 한 칸에서 책 읽는 사람 한 명을 찾는 것은 거의 기적과 같다. 혼자 있는 시간의 부재와 상시 접속의 부작용으로 인해 깊이 있는 대화와 교감을 나눌 수 있는 인간관계는 옅어졌다. 자신과 비슷한 수준의 사람들과 시시하고, 하찮은 잡담만을 끊임없이 나눌 뿐이다. 잡담은 사람의 마음을 편안하게 해 주는 아주 중요한 삶의 윤활유임은 틀림없다. 하지만 요즘은 그런 SNS의 잡담이 지나치게 끝없이 이어지며 수면시간마저 줄어들고 있다. 이런 풍조가 어린 학생들에 확산하면 어떻게 되겠는가? (이미 아주 심각하게 학생들의 수면을 갉아먹고 있다.) 수면이 부족한 학생들은 차분하게 생각에 잠기거나 공부에 집중하기 어려워지게 된다. 지금의 한국 학생들의 공부 시간은 전 세계 여러 나라와 비교했을 때 압도적으로 많다. 온전하고 정상적으로 자면서 공부를 하는 것이 불가능해진 이런 상황은 바로 SNS에 소비하는 커뮤니케이션 시간이 너무 많아진 탓으로도 보인다. 이러한 상황에서 인간은 정신적인 행복감을 느끼는 것이 힘들 수밖에 없다.

삼성전자 윤종용 전 부회장은 한 인터뷰에서 다음과 같이 말했다. "한국의 사교육은 살인적이다. 그런 돈과 시간을 들여본들 세계는 태평양에서 뛰어노는 참치 급 인재를 원한다. 그러나 대한민국은 한강에서 노는 잡어 급 인재만 배출하고 있다. 한국의 사교육은 겨우 잡어 급 인재만 만들어내기 급급하다. 차라리 그럴 시간과 비용이면 책을 많이 읽으라고 말하고 싶다. 그편이 더 큰 인재가 되는 길이다."라고 말이다.

　한강에서 노는 잡어 급 인재를 배출하는 한국의 교육제도, 게다가 그 잡어 급 인재들은 지독한 인정 욕구에 굶주려 있다. 바닷속 깊은 곳에 사는 심해어는 좀처럼 수면으로 올라오지 않는다. 깊은 바닷속을 노닐면서 신나게 살아간다. 그러다 한 번씩 수면으로 올라올 뿐이다. 그러나 얕은 수심에 사는 물고기들은 수시로 수면 위로 올라온다. 그것은 마치 수면 위에서 인정 욕구를 갈구하듯이 보인다. 심해어는 그런 인정 욕구가 필요치 않아서 깊은 바닷속에서 단독자로 살아갈 수가 있다. 인정 욕구를 채워주지 않는 대한민국의 풍토와 사회 분위기, 그리고 그 속에서 우리는 부족한 인정 욕구를 채우기 위해서 '검은 거울'(스크린)로 향한다. 인정 욕구는 인간의 고유한 본성이다. 어려서부터 인정과 관심을 충분히 받지 못하고 자란 사람은 성인이 되어서도 애정결핍과 주변의 인정에 집착한다. 때로는 분노로써 자신의 감정을 표출하는 부작용을 보이기도 한다. 검은 거울에서 허황한 인정과 관심을 받더라도 그것은 진정한 의미의 그것이 아니다. 진정한 의미의 인정과 관심은 타인에게서가 아니라 자신에게 받아야 한다. 어쩌면 타인의 인정과 관심은 불필요한 것일지도 모른다. 그것은 어디까지나 우리가 만들어낸 껍데기가 아닐까? 가장 강하고 카리스마 있는 사람은 '일희일비하지 않는 사람'이라고 전 국회의원 홍정욱은 자신의 저서에서 말한다. 타인의 평가에 기뻐하지도 주눅 들지도 않는 평정심을 유지할 수 있는 사람 말이다. 중요한 것은 내가 나를 어떻게 생각하고 평가하는지 아닐까? '검은 거울'에서 인정 욕구를 채우려 하기보다 나는 권하고 싶다. 자신부터 챙기고 사랑하라고 말이다. 그런 의미에서 독서와 글쓰기와 운동은 최고의 파트너가 되어 줄 것이다.

#. 인간에게는 인정받고 싶은 욕구가 있다. 이건 인간이기에 가지는 감정이다. 스마트폰과 게임이 우리에게 던지는 효과는 바로 '넌 혼자가 아니야.'라는 예전 마이클 잭슨의 노래 제목을 연상시킨다. 학생들은 살인적인 학업에 치여서, 회사에서는 과로사를 부르는 업무로 우리는 진정한 대화와 공감을 얻기 힘든 세상을 살아간다. 어디선가 한 조각 던져주는 따뜻한 관심과 애정이 그래서 더욱 그립고 절실한 것이다. 그 와중에 디지털 기기는 24시간을 통해서 우리의 그 움츠러든 욕구를 채워준다. 건강한 인정받기라는 관점에서 생각해 볼 시간이고 문제이다.

알림중독,
그 달콤한 세이렌을 해고하라

스마트폰을 사용하는 목적과 용도를 다시 확인하자. 필자도 스마트폰은 그 자체로서 나쁘다고 생각하지 않는다. 스마트폰은 어디까지나 편리한 삶을 위한 도구에 지나지 않는다. 스마트폰을 사용함으로써 얻고 싶은 결과는 결국 자신이 만족하고 자신이 바라는 걸 얻을 수 있는가, 그렇지 않은가, 이것에 따라 쓸모없는 시간인지 아닌지가 판단할 수가 있는 것이다. 스마트폰에 사용하는 모든 시간이 무의미할 수는 없다. 원래 대부분 사람은 하루 중 아무런 도움이 안 되는 무의미한 시간을 알게 모르게 보내고 있다. 매일의 행동 기록을 적어보면 TV의 예능 방송을 멍하니 보고 있거나 권하는 대로 술 마시러 가거나 하는 의외로 쓸데없는 곳에 사용하는 시간이 많다는 것을 알게 된다.

여기서 우리가 따져봐야 할 정말 중요한 것은 자신이 정말로 원하는 것,

이루고 싶은 꿈, 삶의 목표가 무엇인가 하는 것이다. 시간을 적절하게 분배하면서 사용하는 것은 본래 원하는 목표를 이루고 자기 성장을 위한 것인데 그것에 맞게 시간을 사용하고 있는가가 중요하다. 그것을 알게 되면 목적을 향해 용도를 정해서 스마트폰을 사용할 수 있다. 예를 들면, 자신의 하루 중의 행동을 기록하고 불필요한 부분은 교정하기를 원하는 방식의 사용이라면, 그것은 낭비가 아니다. 판단기준은 원하는 긍정적인 결과를 얻고 있는가, 아닌가? 그에 따라 자신이 스마트폰을 사용하는 시간 중에 무엇이 낭비인가를 체크할 수 있어야 한다. 그리고 낭비라는 것을 알았다면, 자신이 성장할 수 있는 다른 용도로 바꿀 수가 있어야 한다. 그렇다고 해도, 안타깝게도 대부분의 사람은 이 기준을 정하지 않고 스마트폰을 사용하는 데 있어 이미 매일의 습관으로 여러 자극의 쾌감에 매우 의존한 상태가 되었다. 단순히 의존되어서 스마트폰을 사용하고 있는 것이라면, 무의식적으로 손에 스마트폰을 드는 것이 습관화되어 있는 것이라면, 그것을 그만두는 것은 쉽지 않을 것이다.

이 의존에서 벗어나는 방법의 하나가 '바로 접속할 수 없도록' 하기 위해 주머니에 넣지 않는 것이다. 이 손바닥 기기는 언제라도 손에 넣을 수 있으므로 SNS를 빈번하게 쳐다보거나 손쉽게 게임을 하게 된다. 꺼내는 데 시간이 걸리도록 하면 일일이 스마트폰을 보는 습관에 변화가 생기지 않을까? 그리고, SNS의 메시지를 알림 통지기능으로 설정하면, 연락이 올

때마다 반응하게 되거나, 틈나는 시간에 바로 확인하고 싶어진다. 그래서는 스마트폰이 신경이 쓰여서 결과적으로 시간을 빼앗겨버리고 말게 된다. SNS의 메시지를 알려주는 알림 통지기능을 OFF로 하고, 전화도 소리가 울리기는커녕, 진동 기능도 OFF로 해놓아도 별로 곤란한 일은 없다. 전화를 받지 않아도 나중에 연락하면 된다. 당신이 업무와 생활 속에서 멋진 아이디어를 생각한 그때, 바로 그때 카톡 문자가 울린다. 그렇게 하나하나 답장을 보낸다면, 모처럼의 아이디어는 날아가 버리고 만다. 더구나 30분이면 끝날 작업도 1시간씩 걸리고 말 것이다. 그리고 스마트폰의 진동이 울리는 순간에 사람은 '누가 연락해온 걸까?' 하고 신경이 쓰이는 법이다. 눈앞의 일에 집중할 수 없게 되는 것이다. 스스로 의도적으로 차단하고 있지 않으면, 스마트폰은 편리한 기기지만 점점 우리의 시간과 사고를 빼앗아 갈 것이다. 그러기에 소리와 진동도 OFF로 만들어서 가방 깊숙한 곳에 넣어둔다면 좋을 것이다. 어쨌든 스마트폰에 접속하기까지 시간이 걸리게 만들어서 무의식적으로 들여다보는 습관에서 멀어지도록 해 가는 것도 좋은 방법이다.

즐겨 이용하는 스마트폰 앱에 대해 알림 기능과 알림 메시지를 차단하는 생활 습관도 필요하다. 가끔 스마트폰의 알림이나 메시지를 받아 보면 나도 모르게 스마트폰을 생각보다 장시간 사용하기도 한다. 이런 경험은 누구나 갖고 있을 것이다. 또한 회의하던 도중이거나 공부를 하던 중이거나 심지어 상대방과 대화하던 중이라도 알림이나 메시지를 받는다. 그러면 자기도 모르게 확인하고서는, 이전까지 하던 회의나 공부 그리고 대화를 끊고 한참을 스마트폰에 빠져들었던 경험도 있을 것이다. 이것이 나도 모르게 생활 습관이 되게 하는 것이다. 의식하지 않았지만, 울리면 확인하고, 울리면 확인하는 일이 반복되면서 생활 습관이 되어버린다.

지난 2014년 KAIST에서 발표한 자료에 의하면 스마트폰의 알림 메시지가 자기 조절력이 낮은 이들에게 자극이 되어 스마트폰 사용을 더 유발한다고 하였다. 즉 스마트폰의 알림 메시지를 통해 스마트폰을 사용하는 행동이 더욱 높아질 수 있다는 것이다. 이는 반대로 스마트폰의 알림 기능과 알림 메시지를 차단하면 회의나 일 그리고 공부나 대화 등에 더욱 집중할 수 있게 된다는 것을 의미한다고 할 수 있다. 혹시 자신이 특정한 스마트폰 앱에 빠져서 장시간 사용한다고 생각되는가? 그렇다면 즐겨 이용하는 스마트폰 앱에 대해 알림 기능과 알림 메시지를 차단하는 조그마한 생활 습관을 익혀본다면 어떨까? 사소한 스마트폰의 앱 알림 기능과 알림 메시지에 대한 차단이 스마트폰 중독 예방을 위한 좋은 방법이 될 수 있다. 이제부터 나를 유혹하는 스마트폰 앱에서 알림 기능과 알림 메시지를 차단하여, 지나치게 빠지지 않도록 해 보자! 기억하자! 스마트폰의 알림 메시지를 차단하는 작은 일이 일과 학업에 더욱더 집중할 수 있도록 돕는 생활 습관이라는 걸 말이다.

스타벅스의 로고를 자세히 들여다보면 한 여인의 모습이 보인다. 그녀의 이름은 세이렌. 오디세우스가 고향으로 돌아가는 여정에서 만나는 뱃사람들을 유혹하는 인어이다. 오디세우스는 세이렌의 그 노랫소리가 너무도 궁금하여 자기 몸을 묶어두고서야 귀를 열고서 노래를 듣는다. 그만큼 치명적인 유혹의 노랫소리였던 것이다. 우리도 일상에서 스마트폰이라는 세이렌이 사는 유혹의 바다를 매일 항해하고 있다. 이 과정에서 뱃사람들이 그 노랫소리를 들을 수 없게 귀를 틀어막고서야 무사히 세이렌의 바다를 건너간 것처럼 우리도 스마트폰의 알림음을 끄고서야 무사히 이 바다를 건널 수가 있다. 지금 당장 핸드폰의 모든 알림 기능부터 해고하라!

\#. 스마트폰의 알림 기능 한 가지만 제거해도 우리가 스마트폰을 들여다보는 그 시간을 줄일 수가 있다. 문제는 관심을 유발하게 하는 그 수신음이기도 하다. 들여다보지 않을 수 없게 만드는 그 호기심, 궁금증 앞에 우리는 지금 하는 일에서 집중력을 잃고서 그만 무너져버린다. 이 유혹을 이겨내기엔 상당히 힘이 들기 때문이다. 그리고 이미 우리의 뇌는 거기에 중독이 되어 있는 것인지도 모른다. 알림음부터 해고하자.

유튜브가 뭐래도, 난 중요한 일부터

　스티븐 코비가 말하는 『성공하는 사람들의 7가지 습관』 중 중요한 습관이 바로 '소중한 것을 먼저 하라.'이다. 스티븐 코비는 성공한 사람이 되기 위해서는 '일의 우선순위를 정하고 가장 중요한 것부터 먼저 하라'고 주장한다. 해야 할 일들을 중요한 것과 그렇지 않은 것, 급한 것과 아닌 것으로 분류한다. 급하면서 중요한 일에 가장 먼저 손을 대고, 급하진 않더라도 중요한 것에 많은 시간을 할애하라고 주문한다. 중요한 일과 급한 일에 관한 실험으로 마시멜로 이야기는 어떨까?

　우리가 잘 알고 있는 마시멜로 테스트가 우리의 인생 성취를 측정하는 중요한 지표를 알려준다. 바로 '중요한 일'에 대한 우리의 반응을 잘 드러내 주고 있다. 컬럼비아대학교 심리학자인 월터 미셸이 1970년대에 고안한 이 실험은 4살짜리 어린이를 실험실에 불러 마시멜로가 놓인 책상 앞에 앉힌다. '실험자가 15분 정도 나가 있는 동안 책상 위에 놓인 마시멜로를 먹지 않고 잘 참고 있으면, 돌아와서 2개를 주겠다.'라는 어른들의 사악한 제안(?)을 담은 실험이다.

많은 어린이가 끝내 참지 못하고 마시멜로를 입에 가져간다. 하지만, 종종 끝까지 참는 아이들이 있다. 더욱 놀라운 결과는 그들을 추적 조사한 후 알게 된 사실들이다. 마시멜로 테스트에서 놀라운 자제력을 보여준 아이들은 초등학교에서 학업성적이 우수했다. 15년 뒤 미국 수학능력시험(SAT)에서 15분을 참지 못하고 마시멜로를 먹었던 학생보다 평균 210점가량 더 높은 점수를 받았다. 이는 4살 때 실시한 아이큐(IQ) 검사보다 학업성취도에 대해 훨씬 더 정확한 예측력을 보이는 지표였다. 그들은 20년 뒤 대학 졸업 성적도 좋았고, 30년 뒤 연봉도 더 높았다. 그들은 원만한 가정환경에서 성장했을 가능성이 더 컸으며, 무엇보다 자신감이 충만했다. 반면, 30초도 못 참았던 4살 아이들은 성인이 된 후에 술과 담배를 즐기고, 마약 중독의 가능성도 매우 컸으며, 감옥에 가는 비율도 훨씬 더 높았다.

이를 신경과학적으로 해석해 보자면 이렇다. 아마도 아이들의 머릿속에선 기저핵에 담겨 있는 욕망의 중추가 '당장 마시멜로를 먹어 치워버리자.'라고 충동질을 할 테고, 전전두엽은 '15분만 참으면 하나 더 먹을 수 있으니, 그게 더 이익!'이라고 설득했을 것이다. 아이들은 천사와 악마 같은 이 두 영역의 꼬드김을 들으면서 하나의 결정을 내렸을 것이다. 전전두엽은

13살부터 18살까지 사춘기 때 급속도로 발달하는 영역이라, 많은 아이가 기저핵의 우세 속에서 마시멜로에 손을 대지만, 종종 자기 절제가 가능한 수준으로 전전두엽이 발달한 아이들이 있는데 그들이 나중에 사회적 성취를 이룬다는 것이다. 사회적 성취는 자기를 절제해야 하기 때문이다. 밖에 나가서 친구들과 놀고 싶지만 해야 할 숙제를 먼저 해놓고 나간다거나, 시험 기간일수록 소설책이 읽고 싶지만, 시험공부에 집중하는 능력을 갖춘 학생들이 더 높은 성적을 받았다.

출퇴근 시간 지하철에서 모바일 게임을 즐기는 사람들을 많이 볼 수 있다. 최근에는 클래시 오브 클랜(Clash of Clan)이라는 게임이 인기몰이를 하는 중인가 보다. 필자는 게임을 하지 않아서 게임에 대해서 전혀 관심이 없다. 모바일 게임들은 무료라 계정만 있다면 앱스토어에서 쉽게 내려받을 수 있다. 스마트폰에 저장된 친구들과 함께 즐길 수 있어 전 세계 사람들도 모바일 게임을 많이 즐긴다. 모바일 게임의 큰 특징은 사용자의 시간을 공략한다는 사실이다. 가능한 한 사용자가 스마트폰을 오래 붙들고 있을수록 게임 제작사는 유리하다. 게임은 애초에 이런 의도로 제작되어진다. 건물과 자원을 얻기 위해 일정 시간을 기다려야 하고, 시간이 지나면 다시 접속해서 자원을 거둬들여야 한다. 결국 종일 모바일 게임을 들여다보게 된다. 문제는 이런 반복 행동들이 전혀 지루하지 않고 오히려 사람들의 애간장을 태운다는 것이다. 사람들이 쉽게 헤어 나오지 못하는 이유이자 모바일 게임의 마력이다. 아침에 일어나자마자 스마트폰을 켜고 밤사이 모인 자원을 수집하고 수집된 자원으로 다른 건물을 짓는다. 자원을 수집하기 위해 아침 일찍 일어날 정도의 사람들이 많다. 식사할 때도, 이동할 때도, 수시로 진행 상태를 모니터링하고 자원을 수집한다. 직장에서 일할 때도 마찬가지다. 스마트폰을 켜놓고 업무를 하면서 수시로 기웃기웃하는 것이다. 서둘러 내가 원하는 레벨에 도달해야 한다는 조바심이 나를 게임 속으로 몰아넣는다. 그렇게 한참을 하다 보니 높은 레벨이 되어 있다는 것이다.

한 게임마니아는 어느 날 자신의 그런 모습이 한심해 보였던지 갑자기 '내가 무슨 짓을 하는 건가?'라는 생각이 들었다고 한다. 그리고선 뒤도 돌아보지 않고 게임을 지워버렸다고 한다. 그리고 온라인이 아니라 몸으로 직접 할 수 있는 행동들을 찾아 그리로 초점을 돌렸다. 그렇게 운동을 시작하게 되었고, 그 재미는 삶의 또 다른 행복을 가져다줄 정도로 만족감을 느끼는 중이라고 한다. 그런데 그런 그를 경악하게 하는 이가 있으니 바로 그의 초등학교 2학년 아들이라고 한다. 아들이 모바일 게임을 하고 있었다. 옆에서 지켜보니 이 녀석이 아빠가 했던 예전 행동들을 그대로 하더라는 것이었다. 밥 먹을 때도 지켜보고, 레고를 하다가도 시간이 되면 서재로 달려가 아이패드를 켜고 자원들을 수집하고 건물을 짓고 저장하고. 아침에 부스스하게 일어나서도 제일 먼저 아이패드를 켠다. 무섭더라고 당시를 회상한다. 그런데 이런 이야기를 들으면 우리의 의식과 시간을 블랙

홀처럼 빨아버리는 스마트폰이야말로 이 시대가 낳은 최고의 '시간 관리 장애물'과 '인생의 장애물'이 아니냐는 생각이 들었다.

스마트폰에 비하면 TV는 정말 귀엽다. 미디어와 네트워크가 발달해 이제는 꼭 정시가 아니더라도 스마트폰만 있으면 언제든지 다시 볼 수 있게 되었을 만큼 TV와는 비교가 안 되는 절대적 권력자의 자리를 점하고 있다. 한때 신문/뉴스에서, 〈거실에서 TV 추방하기 캠페인〉이 있을 정도였는데 이제는 그것도 옛말이 되어버렸다. 디지털 기기를 다루고 들여다보는 것은 결코 인생에서 그렇게 '중요한 일'이 될 수가 없다. 그것은 그저 '급한 일'이다. 해도 그만, 안 하면 더 좋은 그런 쓸데없는 급한 일인 것이 대부분이다.

반면에 우리의 삶에서 정말 중요한 것은 되도록 미루고 돌아보지를 않는다. 독서가 그렇고, 운동하기가 그렇고 자신의 인생을 성찰하는 것이 또한 그러하다. 스티브 코비의 말처럼 우리가 살면서 소중한 것은 항상 가장 먼저 해야겠다는 생각이 드는 것은 모두가 같지 않을까? 급한 일을 가장하여 우리의 뇌를 자극하여 정작 중요한 일을 미루게 만드는 일등 공신이 바로 유튜브가 아닐까 싶을 만큼 잠깐 머리 식히러 들어간 유튜브 안에서 헤어나지 못한다. 그런 자신을 보면서 자존감 떨어지는 실망감을 느끼지 않은 사람이 어디 있을까? 우리 뇌는 결코 유튜브가 제공하는 자극적이고 원초적인 쾌락 거리를 이겨내지 못한다.

만약, 마시멜로 실험처럼 우리에게 이런 시련(?)이 다시 다가오면 나는 제안한다. 바로 다른 행동부터 삽입하라. 유튜브를 보기 전에 말이다. 그 사이에 잠깐의 여백을 집어넣고서 자신에게 잠시 호흡을 가다듬고 생각을 냉정히 할 여유를 가지라는 것이다. 유튜브 보기 전에 팔굽혀펴기 10개 하기, 커피 한잔 준비해 마시기, 1분 명상하기 등 방법이 뭐가 되었건 잠깐 멈추어서 여백을 주라는 것이다. 그리고 이 유튜브를 보는 일이 중요한 일인지, 급한 일인지를 한 번만 자신에게 물어보고 생각해 보는 시간이면 좋겠다. 딱 그거면 된다. 이 아무것도 아닌 것 같은 사소한 행동이 유튜브가 뭐래도 나는 중요한 일부터 챙기는 사람이 되어 그간 스크래치 받은 자존감을 다소나마 회복하는 계기가 될 것이다.

#. 스스로에 작은 원칙을 세우도록 한다. 그때 필요한 질문이 하나 있다. 이것은 급한 일인가? 중요한 일인가? 그리고 반드시 중요한 일을 먼저 하자. 무언가를 할 때 이런 질문을 하는 것만으로도 우리는 하나의 안전장치를 거는 효과를 가진다. 왜냐하면 우리는 본능적으로 알기 때문이다. 무엇이 나를 위한 길인지를.

피드 넘기다
내 인생까지 넘길 순 없잖아

우리는 생활하면서 자주 자신의 행동에 대하여 정당성을 보여주기 위한 방편으로 심리적인 방어기제인 '자기 합리화'를 사용한다. 합리화란 잘못된 견해나 행동을 그럴듯한 이유로 정당화함을 말한다. 무엇보다도 자기 합리화에 익숙해져 있는 사람들은 사람들과 잘 어울리지 못한다. 자기중심적으로 주위 사람들로부터의 고립을 초래한다고 많은 심리학자들이 지적한다. 이러한 자기 합리화의 습관화는 부모의 언행으로부터 큰 영향을 받아 우리 아이들이 어릴 적부터 형성된다는 것에 주의를 기울여야 한다. 신 포도가 등장하는 『이솝우화』의 여우와 포도 이야기는 합리화를 주제로 한 가장 유명한 일화이다. 신 포도 이론은 여우가 맛있게 보이는 포도를 먹기 위해 포도나무를 열심히 올라가려 애를 쓴다. 결국 따지 못하자 '저 포도는 어차피 시어서 먹지 못할 텐데.' 하고 포기하는 모습에서 비롯됐다. 이렇게 여우처럼 자신의 목적이나 욕구가 좌절될 때 그 욕구와 현실 간의 괴리를 메우려 애쓴다. 그때 자신에게 유리한 자기 정당화를 내세우는 심리상태를 심리학에서는 '신 포도 이론'이라고 한다. 이 자기 합리화는 우리가 사용하는 스마트폰의 사용에서도 여실히 나타나고 있다.

디지털 기기의 중독은 도박 중독이나 마약 중독과 유사한 증상을 갖는다. 그러나 이에 따른 사회적 수치심은 그리 문제가 되지 않는다. 학생들이나 친구들에게 과도한 스마트폰 사용을 지적하면, 그들은 "그래, 난 스마트폰 중독인가 봐."라고 하면서 대수롭지 않게 받아들이는 것은 물론, "그게 뭐 어떠냐?" 식의 반응을 보이기도 한다. 이런 반응은 곧 대부분 사람에게 스마트폰 중독이 무슨 문제냐는 식으로 용인되고 있다. 아무렇지도 않게 받아들여지고 있는 사회 분위기로 흘러가고 있다. 마약 중독이나 도박 중독, 알코올 중독은 모두가 금기시하고 쉬쉬한다. 스마트폰에 관해서는 '너도나도' 중독이기 때문에 전혀 문제로 취급되지 않는다. 착각이다. 모두가 그렇게 믿고 싶어 하는 것밖에 안 된다. **"모두가 중독이라면 그게 중독도 아닐 것이고, 문제가 될 이유도 없지 않나?"** 하는 게 사람들의 논리이다.

버스나 지하철 안을 둘러보면, 우리는 얼마나 많은 사람이 스마트폰 화면만 쳐다보고 살아가는지를 어렵지 않게 알 수 있다. 부모들은 자녀들의 스마트폰 사용을 제한하려 하지만 될 리가 없다. 청소년들은 친구들과 대화하거나 이런저런 일을 하는 데 스마트폰을 아주 자연스럽게 사용하고 있다. 아이들의 스마트폰 사용에 대해서만 뭐라고 해선 안 된다. 아이들은 스마트폰에 빠져 사는 부모의 모습을 보면서 커 온 것이다. 어른들의 잘못이 크다. 변명의 여지가 없지 않을까?

그만둘 수 없는 이유는 당신 자신에게 있다.

스마트폰이 어떻게 해서 사람을 의존시키는지 알기 전에 필요한 것이 있다. 바로 자신이 스마트폰에 의존하고 있는 것을 '정확하게 인식하는 것'이다. 스마트폰이 얼마나 교묘하게 우리를 의존시키고, 시간을 빼앗는 구조를 가졌는가? 그로 인해 알고는 있지만 스마트폰에서 벗어날 수 없는 상태가 되는 이유를 이해하는 것이 중요하다. 가장 대표적으로 사람들이 이 디지털 기기에 중독된 생활을 그만둘 수 없는 것에는 주로 3가지 이유가 있다. 1. 원래 문제시하지 않는다. 2. 자신이 컨트롤하고 있다고 생각한다. 3. 정당한 사용 이유가 있다고 생각한다. 2번의 자신이 컨트롤하고 있다고 생각하는 상태는 착각이다. 실제로는 자신이 통제당하고 있는 것이라고 깨닫는다면, 거기서 바로 그만둘 것이다. 그러나 자신은 적절하게 잘 현명하게 사용하고 있다고 여기기 때문이다. 3번의 '정당한 이유'라고 생각하는 것에 대해서도 그렇게 생각하는 한은 지금의 생활은 변하지 않을 것이다. '업무를 시작하면 시간이 없어서 아침 출근 지하철 안에서는 적어도 게임을 느긋하고 싶다. 동영상과 뉴스를 보는 것은 공부가 된다.'라고 말을 한다.

이처럼 자신에게는 스마트폰을 사용해야 하는 '정당하고 합리적인 이유'가 있다고 생각하고 있는 사람은 많다. 오히려 디지털 기기 사용을 계속하면 좋은 것이라고 인식하기 때문에, 그만둘 리가 없다. 그렇기에 1번의 '원래 문제시하고 있지 않다.'라는 이유에 가장 먼저 대처해야 한다. 비유하자면 이런 것이다. 세상에는 날씬한 몸매를 꿈꾸지만 정작 체중계에 오르지 않는 뚱보들이 많다. 현실을 직시하지 않는 것이다. 만약 자신이 과체중이라는 사실을 알았다면 지금 바로 생활 습관을 바꾸어야 할 터이다. 오랜만에 만난 친구에게 '너 너무 살쪘어. 좀 빼는 게 좋겠는데.'라는 말을 들어도 본인은 자신이 매일 보는 몸이기에 '이 정도는 괜찮아.'라고 신경도 쓰지 않는다. 여전히 살찌기 좋은 요리에 손을 대고 만다. 그런 상대에게 '체중계에 올라서 보자.'라며 무리하게 체중을 재보게 해 보라. 처음으로 자신이 생각한 것보다 훨씬 더 무겁다는 것을 수치로 알게 되어 충격을 받는다.

이 세상에는 이렇게 체중계 위에 올라서지 않으려는 비겁한 이들이 실로 많다. 체중계에서 자신의 체중을 잴 때까지는 자신이 이른바 뚱보라는 상태를 인정하지 않는다. 스마트폰에 대해서도 자신이 스마트폰에 지나치게 과몰입한다는 객관적 사실을 알기 전까지는 그와 같으리다. 주위의 사람들은 모두 그렇게 인식하고 있음에도 불구하고 자신만이 의식하고 있지 못하는 것이다. 체중계에서 확실히 수치를 알게 되면, 그제야 뒤늦게 깨닫는 것이다. 결국, 눈으로 보고 인식하지 않는 한, 사람은 문제라고 해도,

그것을 문제시하지 않는다.

    건강검진도 이와 같다. 최근 '몸 상태가 안 좋다.'라고 느끼는 사람은 많아도, 실제로 생활을 개선하려고 하지 않는 것도 이와 같다. 눈에 보이는 것이 없기 때문이다. 건강검진으로 결과를 보고서 서둘러 식생활을 바꾸거나 병원에 다니는 사람이 많은 이유는 병명과 시각화된 것에 따른 것이다. 눈으로 보는 것으로 인해 처음으로 우리의 뇌는 눈앞의 사물을 이해하려고 한다. 이처럼 체중계에 오르기 전까지는 자신의 비만 상태를 문제라고 인식하는 것이 이처럼 불가능한 것이다. 이처럼 자신이 스마트폰에 의존하고 있는 상태를 문제시하는 데는 우선 기록해서 '수치 파악'하는 것이 필요하다. 거기서 처음으로 문제를 파악하고 의존에서 벗어나는 단계로 나아갈 수가 있는 것이다.

    그럼, 이렇게 현실을 직시하고 인정하지 못하게 하는 그 원인은 어디에 있을까? 원인이야 여러 가지겠지만 어쩌면 인간의 이 나약한 심리를 콕 집어서 주의를 돌리는 데 일조하고 있는 게 바로 유튜브를 비롯한 스크린의 유혹이라고 생각한다. 그야말로 쉼 없는, 끊임없는 피드를 내리다 나의 현 상황과 문제를 제대로 바라볼 엄두가 나지 않게 되는 게 문제가 아닐까? 신 포도 이론처럼 '어차피 이 문제는 내가 해결할 수가 없는 거야. 봐! 남들도 저리 힘들어하고 고전하는데 나라고 무슨 수가 있겠어?'라면서 해결할 방법을 찾기보다는 못 할 구실만 찾는 게 아닐까? 그러나 해봐야 알고, 찾아봐야 알고, 부딪혀봐야 아는 것이다. 꿩처럼 머리만 땅속에 처박고서 이젠 완벽히 숨었다고 생각하듯이 우리의 문제가 눈 가리고 속일 수 있는 게 아니지 않는가? 그렇게 피드만 내리다 내 인생을 끝내면 안 된다.

#. 자기 합리화의 달인들이 살아가는 세상이 되었다. 무엇보다 스마트폰이 탄생하고 나서 자신감과 자존감이 낮아지는 현상이 두드러진다. 우리는 안다.

숨길 수가 없다. 내가 지금 당장 해야 할 일은 SNS를 하는 것이 아니다. 게임을 해야 할 때가 아니라 중요한 일을 해야 하는 순간임을, 그리고 거기에 시간과 에너지를 투입해야 한다는 것을 말이다. 그런데 디지털 기기는 그런 상황에서 우리를 합리화의 달인으로 만들어 버리고 있다. 합리화의 늪에서 벗어나자.

Part 3

고전의 숲에서 길을 묻다

Part 3에서는 이 극단적인 디지털 문명 속에서 잃고 있는 것들을 말한다. 그에 대해 일곱 개의 등대 같은 고전들을 비추어가며 이야기를 이어가고자 한다. 가령,『월든』을 통해서 자신만의 안식처를 구하기.『노인과 바다』를 통해서 도전과 끈기에 대해 다시 생각해 보기. 혼자만의 사색의 시간을 제공해주는 고독의 시간에 대한 재평가를 만나게 해주는『유배지에서의 편지』를 만나기. 내 안의 내면의 울림을 따라서 세상과의 거리를 두었던『달과 6펜스』의 이야기.

이런 고전을 통해서 우리가 잃어버리고 있는 소중한 것들을 다시금 찾게 되는 시간이 되길 바라는 마음으로 3장을 시작해 보려 한다. 그들이 썼던 책의 그 시기는 짧게는 40~50년 전이고 길게는 100년이 지난 시간이다. '최첨단의 기술과 문명을 살아가는 우리가 저러한 과거의 이야기에서 무슨 위안과 도움을 받을 수 있을까?'라고 의문을 표할 수는 있겠지만 그들의 시대와 우리의 시대도 그리 다르지 않다고 생각한다. 스마트폰이 있느냐, 없느냐의 문제가 아니다. 과거의 시대에는 정신을 혼미스럽게 만드는 어려움과 복잡함은 지금 시대와 견주어 보면 비교도 안 될 만큼 미미했으리라 여겨진다. 우리는 '과거의 사람들이 살기가 더 불편하고 문맹의 어려움 속에서 과연 어떻게 살았을까?' 생각하기도 하지만 어쩌면 지금보다 더 살기 좋고 마음의 편안함이 더했던 그런 시기가 아니었을까? 부디 고전의 숲에서 현대인들이 잃어가고 메말라가는 소중한 한 줄기 빛의 메시지를 얻자. 그리하여 나만의 건강하고 강인한 발걸음을 내딛는 데, 이 책이 도움이 된다면 큰 보람을 느낄 것이다.

『노인과 바다』:
포기하지 않는 인생에서 배우다

야성을 잃은 사람들, 다시 일어나 바다로 나가라

홀로 고기를 잡는 노인. 그는 벌써 84일째 아무것도 잡지 못했다. 같은 마을에 사는 소년 마놀린은 평소 노인을 좋아해 그의 일손을 돕곤 했다. 승선을 만류하는 부모 때문에 이번에는 그와 함께 배를 타지 못한다. 노인은 혼자 먼 바다까지 배를 끌고 가 낚싯줄을 내린다. 그의 조각배보다 훨씬 크고 힘센 청새치 한 마리가 낚싯바늘에 걸리자 노인은 이틀 밤낮을 넘게 그 물고기와 사투를 벌인다. 손은 낚싯줄에 쓸려 상처를 입으며 마실 물마저 다 떨어지자 포기하고 싶은 마음이 든다. 하지만 죽을힘을 다해 싸운 끝에 결국 청새치와의 싸움에서 승리한다. 그러나 승리의 기쁨도 잠시, 뱃전에 매달아 놓은 물고기의 피 냄새를 맡은 상어 떼가 노인의 배를 쫓아온다. 노인은 남은 기운을 모두 짜내어 상어 떼와 싸우지만 겨우 뭍으로 돌아와 보니 청새치는 머리와 몸통의 등뼈만 앙상하게 남아 있다. 어부들은 노인의 뱃전에 매달린 거대한 뼈를 보며 감탄한다. 마놀린은 안타까움에 눈물을 흘리며 먹을 것을 싸 들고 산티아고의 집으로 간다. 마놀린과 짧은 대화를 나눈 노인은 소년이 지켜보는 가운데 평온하게 잠이 든다. 노인은 힘센 청새치, 질긴 상어 떼 앞에 무릎 꿇지 않고, 물질적인 상실과 육체적인 고통에도 끝내 포기하지 않음으로써 정신적인 승리를 거둔다. 노인은 좋은 일이란 오래가는 법이 없다고 생각했다. 이게 한낱 꿈이었더라면 얼마나 좋았을까? 이 고기는 잡은 적도 없고, 이 순간 침대에 편안하게 누워 있었다면 얼마나 좋을까? "하지만 인간은 패배하도록 창조된 게 아니야." 노인은 말했다. "인간은 파멸해도 패배할 수는 없어." 디지털 기기로 인한 불편한 사실 중의 하나가 삶의 웅덩이에 웅크리고 앉아 있는 우리의 모습이 아닐까? 더 이상 무엇에도 쉽게 도전하려 하지 않고 시도하려고 하지 않는다. 노인은 먼바다를 나가서 거대한 청새치를 잡았지만, 악전고투 끝에 상어 떼에게 그의 전리품을 모두 빼앗기고 만다. 살아가면서 겪는 온갖 고난과 시련, 눈앞에서 모든 경험과 관계와 재산이 거대한 물살에 휩쓸려 가는 것을 보는 마음은 어떠할까?

필자는 『노인과 바다』를 읽으면서 노인이 그만 청새치를 포기했으면 하고 안타까웠다. 그의 피나는 분투가 너무도 나를 아프게 해왔다. 청새치와의 사투가 끝나서 환호성이 터지는 승리의 순간도 잠깐이고 곧 더 강력한 적들이 노인을 시험하기 위해서 다가오고 있었다. 노인과 상어 떼와의 사투를 보면서 피 말리는 심정이었다. 어떻게 이럴 수가 있단 말인가? 이 청새치는 노인의 것인데. 이걸 빼앗으려 드는 상어 떼는 세상의 불합리하고 폭력적인 또 다른 이름이었다. 노인의 마지막 그 말은 현대 그룹의 창업자인 정주영의 그 말과 같지 않던가? "실패는 있을지언정 포기는 없다." 그 마음이 노인에게서 고스란히 느껴졌다.

왜 이 시대에는 더 이상 불도저의 의지를 가진 이들이 없는 걸까? 왜 우리는 더 이상 자신의 감정을 고조시키지도 않고 자기 능력의 한계를 깨부수려 하지도 않는 걸까? 나이키 브랜드는 그토록 좋아하면서 대체 왜 나이키의 그 말대로는 따르지 않는 건지? 여러분은 지금도 나이키의 'just do it'이 그냥 멋들어진 말이라고 생각하는가? 우리는 인류역사상 이토록 많은 정보와 지식에도 방황하고 자신을 다잡지 못하고 사는 이유가 뭘까? 성공은커녕 제대로 된 행동조차 취하지 않는 이유는 무엇일까? 그건 변하려 들지 않기 때문이 아닐까? 행동하지 않기 때문이다. 우리는 두려워하고 있다. 우리가 진짜 성공할까 봐. 우리가 정말 원하는 꿈을 이룰까 봐. 이게 숨겨진 우리의 진심이 아닐까?

나는 이런 말을 들어왔다. 이 세상에 도전으로 이루지 못하는 일은 없고, 실패한다면 잃을 것은 아무것도 없으며 만약 성공한다면 모든 것을 다 가진다고 말이다. 그러니 무조건 도전하라고. 인생은 유한하다. 무엇을 기다리는 걸까? 안타까운 일은 이 손바닥 감옥이 우리의 발걸음을 잡고 있다는 사실이다. 현대의 물질문명 그중에서도 이 스마트폰은 속수무책의 유혹 덩어리이다. 인정하든 인정하지 않든 이 손바닥 감옥은 우리의 인생을 감옥 속에 꽁꽁 묶고 있다. 누구도 여기서 자유로울 수는 없다.

사람이 느끼는 최악의 공포가 스카이다이빙에서 느끼는 감정이라고 한다. 영화배우 윌 스미스는 그 스카이다이빙을 하러 두바이에 갔었다. 그는 뛰어내리기 전날 극도의 두려움에 죽음을 먼저 맛보았다. 그런데 막상 비행기에서 뛰어내리고 나자 1초 만에 자신이 인생에서 느낄 수 있는 가장 극적인 행복감을 느꼈다고 당시의 감회를 말한다. 그는 말한다. 위험에 가장 가까이 다가서는 게 가장 안전한 길이라고. 나는 그의 이야기를 들으면서 두려움에 대해서 우리가 가지는 일반적인 것들에 대해서 생각해 보게 되었다. 그렇다. 두려움과 불안. 그것은 실체가 없는데도 우리가 스스로 만들어서 우리의 모든 인생의 팔다리를 묶어버린다. 아무것도 하지 못하게 묶어버린다. 그러나 그 한계와 두려움을 뛰어넘는 유일한 방법은 바로 행동하는 것이다.

필자가 『노인과 바다』를 읽으면서 이 늙고 연약한 노인에게서 거대한 힘과 승리를 본 것은 그의 정신의 크기와 강인함 때문이었으리라. 그렇다. 그는 정주영과 같았다. 왜 우리는 행동하지 않고 환경을 탓하고 시간을 낭비하고 스마트폰에 인생의 모든 걸 걸고서 살아가는 걸까? 우리가 노인과 윌 스미스와 다를 것이 무엇이 있는가? 우리가 강력하게 살지 못하게 막는 것은 세상도 사람도 아니고 바로 내 자신이다. 무력하게 살아서는 안 된다. 무력하게 산다는 것은 내 영혼을 갉아먹는 좀비와 뱀파이어에게 삶의 주도권을 내어 주는 것이다. 『그릿』은 자신이 성취하고자 하는 목표를 끝까지 해내는 힘이다. 어려움, 역경, 슬럼프가 있더라도 그 목표를 향해 오랫동안 꾸준히 정진할 수 있는 능력에 관한 책이다.

책의 저자는 미국 육군사관학교에 가서 다음과 같은 연구를 진행했다. 어떤 사관생도가 훈련을 끝까지 받고 어떤 생도가 중도 탈락하는가? 문제 아들만 있는 학교에 배정된 초임 교사 중 누가 끝까지 포기하지 않고 아이들을 가르치고 성과를 내는가? 그녀가 만든 '그릿 척도'를 통해 어떤 사람이 경쟁에서 살아남고 성공할 것인지 예측할 수 있다. 당신과 아이들의 현재 상태도 확인할 수 있을 것이다. 또한 우리의 그릿을 어떻게 높일 수 있는지 그 효과적인 방법을 제시한다. 똑같은 환경과 똑같은 스펙을 가졌어도 왜 어떤 사람은 뛰어난 성취를 이루고, 어떤 사람은 그저 그런 삶에 머무르고 마는 걸까? 훨씬 열악한 환경과 특별한 것 없는 재능에도 놀라운 성공을 일궈낸 사람들은 어떻게 그 모든 불리함을 극복하고 최고의 자리에 오를 수 있었을까? 좋은 대학과 경제력 있는 부모가 더 이상 성공을 보장해주지 않는 시대에 '성공의 진짜 열쇠'는 과연 무엇인가?

『그릿』의 저자는 교사가 자신의 천직임을 깨닫고 고액 연봉의 자리를 박차고 나와 박봉의 공립학교 선생님이 되어 아이들에게 수학을 가르치게 된다. 그곳에서 저자는 소위 머리 좋은 학생 중 일부가 예상과 달리 사회 통념상 '머리 나쁜' 아이들이었다는 점에 의문을 품었다. 또한 고등학교 때 형편없는 수학 점수를 받았던 학생이 로켓을 만드는 세계적인 공학자로 성공한다. 그 모습을 보면서 "인생의 진정한 성공에 있어서는 재능이나 성적보다 더 중요한 무언가가 작용한다."라는 사실에 주목했다. 그렇다. 노인과 정주영은 그릿의 고수들이었다. 지금의 현대인들은 아이큐와 이큐 지수를 논하기 전에 그릿 지수를 다시 논해야 한다.

필자 또한 그러하다. 책을 쓰고 글을 쓰는 일도 늘 써지지 않는 날의 연속이다. 그런데 그때마다 답은 엉덩이로 쓰는 것이다. 그래도 어려움의 연속이다. 그래도 필자는 노인의 그 모습을 따라서 행동하고, 행동하고 또 쓰려고 한다. 그렇게 쓰다 보면 어느 사이엔가 조금 더 나은 글이 나올지도 모르고 실제로 글을 막 쓰다 보면 어느 순간에 모든 게 다 정리되고 글이 써지는 경험을 하기 때문이다. 필자는 이번 장에서 "포기하지 않는 인생, 머뭇거리지 말고 그냥 해!"라는 그 말을 꼭 하고 싶다. 머뭇거리기엔 우리의 인생은 너무 짧다.

지금은 대위기의 시대이다. 코로나의 쓰나미가 우리를 덮치고 지나갔다. 그래. 그렇다고 우리의 인생을 방치하고 살 수는 없다. 누구도 그럴 수 없고 그래서도 안 된다. 상황이 어렵다고 우리가 인생을 포기할 수는 없지 않은가? 이 어려움도 우리가 겪고 뛰어넘어야 하는 과정이고 고비이다. 이 모래 폭풍이 지나고 나면 누군가는 저만치 앞서 있을 것이다. 모두가 웅크리고 앞으로 나아가지도 않고 스마트폰과 넷플릭스에만 빠져서 시간을 보내는 것은 아니다. 누군가는 이런 때에도 책에서 지식과 지혜를 찾고 누군가는 스스로 몸과 마음을 단련하면서 때를 기다린다. 당신은 어떤 쪽에 설 것인가?

　필자는 자신에게 후회하고 싶지 않아서 글을 쓰고 책을 읽는다. 물론, 부족하지만 절대 포기하지 않는다는 일념으로 묵묵히 앞으로 나아가려 하고 있다. 『그릿』의 이야기처럼 끝까지 가는 사람, 끝까지 해내는 사람만이 얻게 되는 것이 반드시 있을 것이다. 더 이상 우리의 인생을 방치하고 울게 내버려 두지 말고 노인의 그 기개와 '해 보기나 했어?' 정주영의 일갈을 통해서 우리 다시 일어서 보자. 우리의 인생은 이대로 끝나서는 안 된다. 스스로 가슴이 뜨거워지고 피가 끓어오르게 만들어야 한다. 공자의 자강불식(自強不息)처럼 스스로 부단히 노력하여 강해지는 방법밖에는 없다. 우리는 흔히 엉뚱하고 말도 안 되는 행동을 하는 사람들을 향해서 "돈키호테냐?" 하며 비웃음 가득한 눈길을 보내곤 한다. 일단 무조건 행동하고 보는 사람들을 흔히 돈키호테 같다고 한다. 어떤 사람들은 돈키호테에게 무모하다고 하지만 세상의 돈키호테들은 자신의 꿈을 이루기 위해 최선을 다했던 것뿐이다. 비록 남들이 보기에는 그 꿈이 허무맹랑하고 헛된 것일지도 모르지만 돈키호테에게는 절실하게 이루고 싶은 꿈이다. 돈키호테는 어떤 꿈을 꾸었을까? 또 그 꿈을 이루기 위해 어떤 일을 했던 것일까? 그리고 그 꿈을 이루는 데 고독의 힘은 또 어떤 역할을 하게 되었을까?

　에스파냐의 라만차 지방에 사는 평범한 귀족인 돈키호테는 쉰 살이 될 때까지 그저 평범한 하루를 살았다. 가족이라고는 자신을 늙은이 취급하는 조카딸과 가정부밖에 없었으며 특별히 해야 할 일도 없고, 하고 싶은 일도 없었다. 그저 무료한 시간을 보내느라 책을 읽는 게 전부였다. 그러던 어느 날, 그는 책 속에서 자신의 운명을 깨달았다. 조금 늦은 감이 있긴 했지만, 반드시 이루고 싶은 멋진 꿈을 발견한 것이었다. 바로 기사가 되는 것이었다. 그것도 발길이 이끄는 대로 자유롭게 이곳저곳을 돌아다니며 모험하는 방랑 기사가 되고 싶었다. 돈키호테가 살던 시대에는 이미 기사들이 사라진 뒤였다. 어쩌면 그래서 더욱 멋지게 느껴졌을지 모른다. 돈키호테는 안 읽은 기사 소설이 없을 정도로 기사 소설에 점점 빠져든다. 결국 자신이 직접 기사가 되기로 한다. 지금까지의 평범한 삶에서 벗어나 나라를 위해 봉사하고 명예를 얻는다면 이보다 멋진 인생은 없다고 생각한다. 우여곡절 속에 정식 기사가 된 돈키호테는 가슴을 펴고 당당하게 세상을 향해 달려 나갔다. 그런데 문제는 자신의 시야로 세상을 보게 된다는 것이었다. 돈키호테에게 세상은 온통 무찔러야 할 적들로 가득했다. 커다란 풍차는 거인으로 보였다. 수도사는 사악한 마법사 같았다. 먼지를 일으키고 다가오는 양 떼는 무리를 지어 달려오는 적군처럼 느껴졌다. 그뿐 아니라, 물레방아 소리를 듣고 괴물이라고 착각하기도 했다. 그때마다 돈키호테는 물러서지 않고 거침없이 맞서 싸운다. 그 때문에 깨지기도 하고 부서지기도 하지만 그는 점점 단단한 기사로 거듭나게 되었다.

우리는 자신이 무엇을 하고 싶어 하고 가슴이 시키는 그 목표와 꿈이 무엇인지 알면서도 행동에 옮기지 못할 때가 많다. 하지만 돈키호테는 다른 사람이 무모하다고 여길 만큼 힘든 일이라도 자신의 꿈을 위해 나아갔다. 그에게는 나이도 현실도 중요하지 않았다. 돈키호테는 우리에게 하고자 하는 일이 있다면 생각만으로 끝내는 것이 아니라 행동해야 한다는 걸 보여 준다. 돈키호테는 왜 기사가 되고 싶었을까? 물론 기사 소설에 푹 빠졌기 때문이지만, 아직은 세상이 나를 부르고, 세상을 위해 무언가 할 수 있다고 믿었기 때문에 늦었다고 포기하지 않고 세상으로 향해 나갔던 것이다. 그렇다고 돈키호테가 특별히 해낸 일이 없는가? 천만에! 오늘도 사람들이 그의 꿈을 보고 용기를 내어 세상을 향해 무모한 도전을 하고 있다. 그러다 보면 무모한 도전은 결코 무모한 도전이 아니었다는 걸 세상과 자신도 조금씩 알아가게 되지 않을까? 그리고 세상이 꿈을 꾸는 사람들로 가득하다면 조금씩 바뀌어 나갈 것이 아닌가? 쿠바의 낭만적인 혁명가 체 게바라는 이렇게 말했다. "우리 모두 리얼리스트가 되자. 그러나 가슴속엔 불가능한 꿈을 지니자."

#. 인간은 파멸될지라도 패배할 수는 없다. 인간은 패배하기 위해서 태어난 게 아니다. 모든 실수, 모든 실패는 그렇게 우리에게 경험과 약이 된다. 물러서지만 않고 다시 일어서기만 한다면 말이다. 그 과정에서 중요한 것은 바로 포

기하지 않는 마음, 꺾이지 않는 마음이어야 한다. 지금의 디지털 기기는 우리의 용기와 도전정신에 찬물을 끼얹는 역할을 하고 있다. 그 재미난 가상공간에서 웅크리고 살아가라고 손짓한다. 먼저 떠난 정주영 회장이 이 세상을 보면서 얼마나 가슴 아파할까? 다시 도전하고 불도저처럼 밀어붙여 우리의 내일을 위해서 우리 다시 용기를 내서 도전해야 할 때이다.

『그리스인 조르바』:
잃어버린 심장, 감성을 찾아서

느끼지 못하면 죽은 것이다. 용기와 자유, 그리고 진짜 감정을 되찾아라

> 그는 울타리 곁을 지나다 갓 핀 수선화 한 송이를 꺾었다. 그러고는 한동안 그 꽃을 들여다보았다. (중략) "두목, 돌과 비와 꽃이 하는 말을 들을 수 있다면 얼마나 좋겠어요."

울타리에 갓 핀 수선화 한 송이를 꺾은 조르바는 난생처음 이 꽃을 본 듯이 열심히 들여다본다. 그는 시인이다. 그에게 지구의 모든 것은 신비하고 호기심으로 넘쳐나는 놀이터와 같은 곳이다. 필자 또한 매일 글쓰기를 시작한 후 조르바의 이런 기분을 조금은 이해하게 되었다. 어느 순간부터 삶이라는 것이 기적과 같고, 하루가 선물임을 알게 되었다. 조르바는 몸의 세포들이 살아서 피부를 뚫을 듯이 움직인다. 그렇지 않고서야 일상의 그 평범함을 대하고서 그토록 심오하게 반응할 리가 없다. 필자는 매일 생각을 노트에 담으면서 나의 세포와 의식이 살아 있음을 느끼게 되었다. 이렇게 표현하면 어떨까? 글을 쓰면서 비로소 내 인생이 제대로 보이기 시작하는 기분이 강하게 들었다. 그렇게 글을 쓰면서 나는 매일 우리가 아무렇지도 않게 살아가는 순간들이 기적과 같구나 하고 깨닫게 되면서 감사하는 마음을 갖게 되는 것이다. 그런 마음이 드는 날에는 입가에는 미소가 머물고 이 비밀을 나만 알고 있는 듯해서 충만함을 느끼는 순간이 자주 찾아온다. 그러다 보니 산을 오르더라도 나는 산이 내게 허락해주는 그 모든 시간과 길목에 피어 있는 꽃들과 바위 하나까지 예사롭지 않은 눈길로 본다. 손으로 만져도 보고 말도 걸어 본다. 이 순간을 그냥 아무렇게나 지나치지 않으려고 한다. 이 순간이 얼마나 소중하고 아름다운지를 알기 때문이다.

글을 쓰면서 나의 감각은 더욱 민감해지고 세상을 좀 더 잘 흡수하는 성능 좋은 레이더가 된 기분이다. 물론, 조르바의 말처럼 돌과 비와 꽃이 하는 말까지 들을 수 있다면 얼마나 좋을까? 조르바와 나 같은 사람은 아무것도 아닌 것에서 만족감과 행복과 편안함을 얻는다. 그렇게 보면 인간의 행복과 감동의 시간은 멀리 있지 않다는 생각이 든다. 늘 곁에 있지만 그 소중함을 우리는 놓치고 살고 있지 않은가.

2002년 개봉한 일본 영화 〈비밀〉은 불의의 사고로 목숨을 잃은 엄마의 영혼이 딸에게 옮겨가는 이야기이다. 평범한 가정에서 벌어진 이 일에 아빠는 심한 충격을 받게 되지만 이내 이 상황을 받아들이게 된다. 그리고 그들은 뒤늦게 깨닫게 된다. 행복은 평범했던 그들 가족이 사고 전에 보냈던 시간 속에 있었다는 사실을 말이다. 내가 이 영화를 인상 깊게 본 것은 다름 아닌 영화의 삽입곡 때문이다. 가사는 소중한 것을 바로 눈앞에 두고서도 소중한지도 모르고 살아가는 어리석은 우리에게 던지는 메시지로 가슴에 와 닿는다. "사람들은 어째서 잃고 나서야, 그 소중함을 깨닫는 걸까?" 그렇다. 우리는 건강을 잃고 나서야 건강의 소중함을 알게 되고, 소중한 사람들의 관계가 멀어지고 나서야 깨어진 관계에 대해서 돌아보게 된다. 지금 우리가 이렇게 아무렇지 않게 보내는 이 시간은 어제 죽어간 이들이 그토록 살고 싶어 했던 그 '내일'이다. 삶에 대한 감각이 무디어진 사람은 삶과 시간을 함부로 규정하고 아무렇게나 사용한다. 시간은 돈보다 귀한 것이다.

사람들은 시간을 내다 팔고서 자신이 살아가는 데 필요한 돈을 받고 있다. 돈을 버는 데만 혈안이 되어 정작 소중한 것은 놓치고 살지 않는가? 소중한 것들은 오래 우리 곁을 기다려 주지 않는다. 아이들과 함께하는 시간은 금방 지나가고, 젊은이는 늙어가고 늙은이는 죽어간다고 말한 이어령 교수의 그 말이 새삼 가슴에 와 닿는다. 모두가 살면서 시인이 되고 삶의 길목마다 놓인 꽃을 들여다보라고 말하지는 않는다. 다만 지금 우리가 보내는 이 삶과 시간이 주는 보물을 너무 쉽게 생각하고 놓치고 사는 모습에 안타까울 뿐이다. 고개를 들어 파란 하늘을 본 지가 언제던가? 밤하늘의 별을 본 지는 또 언제였던가? 무엇이 우리를 이토록 바쁘고 여유 없게 만드는 것일까? 왜 우리는 손바닥만 보면서 살아가는 걸까? 이렇게 살아가는 게 정말 행복이라고 생각을 하는 것일까? 한 여행사 대표는 한국 사람들의 유럽 여행에서는 박물관을 방문하는 일정을 넣지 않는다고 한다. 박물관과 미술 따위가 우리의 관심을 못 받기 때문이다. 반면 유럽인은 여행할 때 박물관을 꼭 여행 코스에 넣는다고 한다. 그들은 살면서도 박물관을 일상생활처럼 자주 이용한다. 이 차이는 국민의 사고 수준과 의식 수준을 알게 해준다. 우리는 유럽이라는 쉽게 갈 수 없는 그곳에 가는 목적이 뭘까? 무엇을 얻어 오려고 하는 걸까? 단순하다. SNS에 올릴 셀카 1,000장이 목표이다. 자랑하고 싶은 것이다. 이것은 관광이지 진정한 의미에서의 여행이 아니다. 여행은 잊고 있던 자신을 새로이 찾는 과정을 말한다.

'당나귀는 여행을 다녀와도 당나귀일 뿐이다.' 그렇다. 아무리 노력해도 결국 당나귀는 당나귀일 뿐이다. 삶의 목적도 없고, 여행의 진정한 의도가 없는 사람은 아무리 살아보고, 돈을 들여 여행을 떠나도 그곳의 진짜 아름다움과 진짜 숨겨진 가치를 찾지를 못한다. 셀카 1,000장만 주워 담아서 돌아올 뿐이다. 이래서는 당나귀를 벗어날 수가 없다. 자신에게 자극을 주고 호기심을 심어주는 떠남이어야만 그 당나귀는 비로소 말이 되어서 돌아오게 된다. 한 단계 진한 성장과 성숙으로 돌아오게 된다. 이 속에는 삶에 대한 진지한 관심과 호기심이 절대적으로 필요하다. 혹은 조르바처럼 그 순간, 시인이 되어서 아무렇지 않게 바라보던 일상을 예술로 들여다볼 수 있는 사람이 되어야 한다. 행복과 만족하는 삶은 그리 멀리 있지 않다. 삶의 교양과 깊이는 스스로가 찾는 것이다. 오늘 집 앞에 핀 꽃 한 송이가 보인다면 그냥 지나치지 말고 손으로 어루만지면서 가만히 한번 들여다보는 것은 훌륭한 시도이다. 부디 손에서 스마트폰을 잠시 내려놓고서 일상이 우리에게 건네주는 이 수많은 기적과 의미 있는 메시지에 귀를 기울이기를 바란다.

누구나 가슴속에는 잠자고 있는 시인과 삶의 찬란함을 만나고 싶어 하는 내면의 또 다른 내가 웅크리고 있다. 자신에게 맞는 어떤 중대한 자극과 계기를 통해서 그것은 털고서 일어나는 것이다. 그러기 위해 자연을 만나라. 책을 읽어라. 글을 쓰라. 운동하라. 평소에 해 보지 않은 어떤 행동을 의도적으로 해 보라. 평소 다니는 길과 다른 길을 걸어보는 것도 좋다. 익숙한 것들과의 사소한 결별을 한다면 삶은 한껏 고무되고 에너지 넘치는 삶을 살아가게 될 것이다. 그래서 우리도 조르바처럼 멋진 시인이 되어서 세상을 전혀 다른 시각으로 바라보게 되었으면 좋겠다. 한 번뿐인 삶인데 늘 똑같은 시각과 틀 속에서 살다가 죽는 것은 너무 억울하고 아깝지 않은가?

『오즈의 마법사』는 누구나 어린 시절에 한 번은 읽어본 적이 있는 책이다. 필자는 이 책에서 겁쟁이 사자와 허수아비 그리고 양철 나무꾼을 눈

여겨본다. 그들이 각자 오즈의 대왕에게 바라는 그것들은 공교롭게도 우리 인간이 이 디지털 기기의 세상에서 잃어버린 것들과 같다. 양철 나무꾼의 이야기를 각색한 부분을 여기서 소개하고자 한다. 도로시 일행이 양철 나무꾼을 만났을 때 그는 무언가에 단단히 화가 났다. 그는 거칠게 나무를 찍어대고 있었다. 겁을 잔뜩 집어먹은 허수아비가 어서 여기를 벗어나자고 했다. 그런데 그 순간, 토토가 양철 나무꾼에게 달려들어 짖어대기 시작했다. 그 순간! 눈에 살기를 잔뜩 품은 양철 나무꾼이 도끼를 든 채로 토토를 노려보았다. 긴장의 순간이었다. 그러나 양철 나무꾼은 별 관심 없다는 듯이 다시 나무를 향해 다시 거칠게 도끼를 찍어대기 시작했다. 이미 허수아비의 얼굴은 땀으로 젖어 있었다. 이 자리를 피하고만 싶어 했다. 도로시는 무언가 심상치 않은 느낌이 들었다. "저, 나무꾼님. 실례합니다." 하고 말을 걸어 보았다. 그제야 양철 나무꾼은 고개를 들어 해가 지고 있는 것을 확인하고는 도끼를 바닥에 내던지고는 짐을 챙기기 시작했다. 도로시 일행 따위는 안중에도 없는 듯했다.

도로시는 무엇이 양철 나무꾼을 저토록 화나게 한 것인지 그 이유가 궁금했다. "나무꾼님, 무슨 일로 그토록 화가 난 건가요?" 양철 나무꾼은 무례하고 거칠었다. 도로시에게 저리 가라고 손을 휘젓기만 했다. 그런 양철 나무꾼을 향해 토토가 다시 으르릉거리며 덤벼들기 시작했다. 그 소리에 양철 나무꾼은 바닥에 던져둔 도끼를 치켜들고는 토토에 다가갔다. 놀란 도로시는 반사적으로 달려들어 토토를 온몸으로 끌어안고는 고개를 숙였다. 일촉즉발의 위기였다. 그런 도로시 앞에서 멈칫한 채, 양철 나무꾼은 천천히 도끼를 내려놓으며 한 걸음 물러서서 입을 열었다. "내가 지금 무슨 짓을 한 거지?" 무언가에 홀렸다가 갑자기 정신이 돌아온 사람 같았다.

"저는 괜찮아요. 화내지 마세요." 비로소 양철 나무꾼의 분노는 눈 녹듯이 사라졌다. 그리고 그들은 나무 밑에 함께 앉아 오해를 풀고서 이야기를 나누기 시작했다. "미안하게 되었구나. 나는 원래 이 숲에서 사는 성실한 나무꾼이었단다. 그런데, 어느 날 마녀가 준 컴퓨터로 매일 난폭한 게임만 일삼다 보니까 마녀의 저주로 심장이 사라진 양철 나무꾼으로 변하게 되었단다. 나에게도 한때는 뜨거운 심장이 있었고, 사랑하는 여인도 있었지. 그런데 어느새 심장이 없어진 나를 발견하게 되었지. 저주에 빠지기 전에는 이 오즈에서 가장 친절한 나무꾼이었어. 그런데 매일같이 난폭한 게임에만 빠져 살다 보니까 사람들과 접촉을 피하게 되었다. 결국 난폭해진 나를 사랑하는 그녀도 떠나가게 되었단다. 그때부터 분노로 더욱 이 숲 밖으로 나서기가 싫어졌단다. 나날이 이렇게 폭력성이 증가하는 나를 발견하게 되더구나. 도무지 통제가 안 되더라. 어쩔 수 없이 나무를 찍을 때도 무언가에 화난 것처럼 보이는 것도 무리는 아니었을 거야. 미안하다."

이 또한 사악한 마녀의 술수였다. 그것을 알고 도로시는 마음이 무거웠다. 이 선량한 나무꾼도 잃어버린 심장을 찾을 수만 있다면 예전의 그 성실하고 매력적인 모습으로 다시 돌아갈 수가 있을 텐데 하는 생각에 안타까웠다. "나무꾼님, 다시 예전처럼 심장을 찾게 된다면 어떻게 하고 싶으세요?" 하고 도로시는 양철 나무꾼을 바라보면서 물었다.

"다시 심장만 찾을 수 있다면 사랑하는 그녀를 다시 만나서 그녀와 오두막집에서 새로운 삶을 맞이하고 싶어. 내 심장을 두드려보렴. 보시다시피 양철통 메아리 소리만 들린단다. 나는 예전의 친절한 나무꾼으로 다시 돌아가고 싶어. 다시 심장만 되찾을 수만 있다면 다시는 무의미하고 난폭한 게임 따위에 매여 살지 않겠어. 자연과 사람들의 따뜻한 가슴과 미소를 느끼면서 내 심장을 지키면서 살 수만 있다면 얼마나 좋을까?" 도로시는 이 로맨틱한 양철 나무꾼을 돕고 싶었다. 그리고 이런 친구들을 만날수록 마녀에 대한 분노는 점점 더 커져만 갔다. "우리와 함께 오즈의 마법사를 만나서 심장을 찾아달라고 소원을 빌어보는 것은 어떨까요?"

그 제안에 나무꾼은 번쩍 고개를 들고서는 도로시에게 사정하듯이 말을 했다. "심장만 다시 찾을 수가 있다면 얼마나 좋을까? 그런데 오즈의 마법사는 내게 심장을 주지 않으실 거야. 내가 이렇게 방탕하게 살아온 사실을 알게 된다면 심장은커녕 벌을 내리실 게 분명해." 도로시는 그 말을 인정할 수가 없었다. "그렇지 않아요. 양철 나무꾼님, 오즈 전체가 나쁜 마녀의 속임수에 빠져서 이렇게 된걸요. 양철 나무꾼님의 잘못이 아니에요. 그러니 용기를 내세요." 도로시가 그렇게 말을 해주자 양철 나무꾼도 기운을 얻어서 입을 열었다. "다시 심장만 얻을 수 있다면 나는 맹세코 그런 난폭한 게임을 다시는 하지 않을 거라고 약속해."

양철 나무꾼은 난폭하고 거친 게임의 세계 속에 갇혀 살게 되면서 현실과 가상 세계의 그 경계선을 잊어버리게 된 것이다. 지금 온 세상이 디지털 기기 속에서 살아간다. 스몸비라는 이름의 신조어가 생겨날 지경이다. 스마트폰 + 좀비의 합성어인 스몸비는 바로 이러한 세태를 잘 보여주고 있다고 할 수가 있다. 건강한 심장과 감성을 가진 사람들일지라도 얼마든지 차가운 기계와 같은 상태가 될 수가 있다. 그 계기는 바로 디지털 기기에 의해서일 가능성이 또한 크다. 참으로 폭력적이고 잔인한 게임과 영상들이 넘쳐나는 세상이다. 시각적으로 너무도 스트레스와 쇼크를 주는 그러한 영상들을 자주 접하다 보면 우리의 공격성은 강해진다. 인내하고 끈기 있는 자세를 잃어버릴 가능성이 점점 커진다. 우리는 조르바의 뜨거운 심장과 양철 나무꾼의 잃어버린 심장의 이야기를 기억해야 한다.

#. 길가의 꽃을 쓰다듬어본 적이 있는가? 길가의 고양이를 쓰다듬어본 적은 또 언제였던가? 우리는 너무도 바쁘다. 손바닥만 바라보고 살기 때문이다. 강아지와 산책을 하면서도 시종일관 손바닥만 바라보는 사람들. 변해가는 계절을 바라보기보다, 저 파란 하늘을 바라보기보다 손바닥만 보는 우리의 감성은 메말라간다. 죽어간다.

『달과 6펜스』:
가끔은 세상과 거리를 두라

내면의 소리를 따라서 지도 밖으로 행군하라

살다 보면 누구나 삶을 바꾸고 싶어질 때가 있는 법이다. 문득 돌아보면 어제와 똑같은 오늘, 똑같은 일, 똑같은 사람들 속에서 살아가는 자신에게 넌더리가 나는 때가 있다. 어떤 이들에겐 삶이 바뀌는 순간이 성난 격류처럼 한 번에 오기도 한다. 어떤 이들에게는 끊임없이 떨어지는 물방울처럼 바위에 구멍을 내듯이 서서히 온다. 분명한 사실은 누구나 살면서 한 번은 그러한 마음속 계절의 변화를 느끼는 때를 맞이하게 된다는 것이다. 그것을 피할 수는 없다. 그리고 피할 필요도 없다. 그 감정의 파도가 찾아왔을 때 애써 시선을 피해버리고 마는 실수를 저지르지 않아야 한다. 그 변화의 메시지는 우리에게 새로운 사실을 말해 줄 것이다.

그런 의미에서 서머싯 몸의 명작인 『달과 6펜스』의 이야기는 우리에게 무언가를 말해주는 작품이다. 소설 속 주인공은 어느 날 삶의 방향타를 급격하게 전환한다. 안정적인 증권 거래소 직원으로 살던 마흔 살의 스트릭랜드. 평범하면서 흐릿한 그림자 같았던 그의 결혼생활은 그에겐 더 이상 의미 없는 시간이었다. 그렇게 그는 가정을 버리고 홀연히 파리로 달아나듯 떠나 버린다. 그리고 파리의 싸구려 호텔에서 머문다. 스트릭랜드 부인의 부탁을 받고 그를 찾으러 온 이에게 스트릭랜드는 그림을 그리고 싶다고 말한다. 그에겐 문학 방면에 교양이 있는 것도 아니고 재능이 있는 것도 아니다. 그런 그는 예술계의 사람들과 어울리고 싶어 하는 스트릭랜드 부인에게 자랑거리가 되지 못했다. 아마도 훌륭한 시민, 좋은 남편이자 아버지, 정직한 중개인은 되겠지만 사교에는 재능이 없는 그에게 더 이상 인생의 시간을 낭비할 이유가 없었다.

무엇이 안정적인 삶을 사는 스트릭랜드의 가슴에 불덩이를 올려놓았을까? 무엇이 그에게 모든 걸 다 버리고 그런 극단적인 선택을 하게 한 것일까? 스트릭랜드 부인의 부탁을 받고 그 '도망자'를 파리에서 만난 그는 스트릭랜드의 의중을 탐색하기 시작한다. 〈내 나이라면 모를까, 그는 이미 청년기를 넘기고 버젓하게 사회적 지위를 지닌 증권 중개업자인데다가 아내와 두 아이까지 거느린 가장이 아닌가? 나에게는 가능한 일이라도, 그에게는 터무니없는 일이었다. 나는 그에게 성공할 가능성이 거의 없다는 점과 나중에 후회해도 돌이킬 수 없다는 점을 지적했다.〉

"어쨌든 나는 그림을 그려야 해요." 그는 같은 말만 되풀이했다. "삼류

화가 이상은 되지 못할걸요. 그런데도 모든 것을 포기할 만한 가치가 있나요? 다른 분야에서는 그다지 뛰어나지 않아도 살아갈 수 있어요. 보통 수준만 되면 그럭저럭 따라갈 수 있지요. 하지만 예술가는 다릅니다." "이런 바보 같으니라고!" "불 보듯 뻔한 사실을 말하는데 왜 바보라는 거죠?" "나는 어쨌든 그림을 그려야 한다지 않소? 그리지 않고서는 못 견디겠단 말이오. 물에 빠진 사람에게 헤엄을 잘 치고 못 치고는 문제가 되지 않소. 우선 헤어 나오는 게 중요하지. 그렇지 않으면 빠져 죽어요."

『방외지사』란 책이 있다. 이 책은 '이 세상의 지도 밖으로 나가본 사람들, 남들이 가지 않는 길을 가는 사람들, 죽기 전에 살고 싶은 대로 한번 살아보자는 신념을 실행에 옮긴 사람들'의 삶의 이야기이다. 인간은 대부분 평범한 생각과 행동으로 한세상을 살다가 시들고 병들고 죽는다. '한세상 먹고사는 문제만 고민하다 죽을 것인가? 죽기 전에 살고 싶은 대로 한번 살아봐야 하거늘.' 누군들 이런 마음이 들지 않겠는가? 이 책은 '죽기 전에 살고 싶은 대로 한번 살아보자는 신념을 실행에 옮긴 사람들이 어떻게 살아야 하는가?'라는 화두를 우리 앞에 던진다. 다른 의미에서 이 책은 우리 시대 미생(未生)들을 위한 또 다른 삶의 지도일지도 모른다. 왜 우리는 '살고 싶은 대로 유유자적 살고 싶다.'라는 바람을 이루지 못하는 것일까?

  사람들은 이 사회의 촘촘하고 억센 그물 속에서 살아간다. 조직 생활의 피할 수 없는 스트레스는 늘 우리를 떠나고 싶게 만든다. 그러나 여기서 벗어나기가 쉽지 않다. 떠나고 싶지만 차마 남겨진 것들이 눈에 밟혀서 떠나지 못하는 또 다른 스트릭랜드들이 세상에 넘쳐난다. 산다는 것은 쉽지 않다. 너도나도 갈 길 잃어 방황하는 '불안의 시대' 속에서 타인의 삶은 고사하고 자기 자신의 목소리조차 귀 기울일 여유가 없다. 그렇게 "앞만 보고 달리라."라고 채찍질하던 외침을 뒤로하고 나니 어느새 헛헛한 웃음만 나오는 인생의 중반의 나이가 되어버린다. '과연 우리는 잘살고 있는 것인가? 지금 나는 어디로 가고 있는가?'라고 묻지 않을 수가 없다. 이제는 행복한 아웃사이더로서의 방외지사의 삶의 방식에 관심을 가지고 파고들면 안 될까? 인간에게 불멸의 자유 따위는 바랄 바도 아니다. 그러나 적어도 내 삶의 미생(未生)을 완생(完生)으로 바꾸게 만드는 노력을 기울일 책임은 여전히 나에게 있는 것이 아닐까?

저자 조용헌이 말하는 방외지사는 다음과 같다. "첫 번째 자격은 매일 정해진 출퇴근을 하지 않아야 한다는 것이다. 두 번째는 여행을 많이 다닐 수 있어야 한다. 세 번째는 되도록 많이 걸어 다닐 수 있는 사람이어야 한다." 『달과 6펜스』의 주인공 스트릭랜드 역시 방외지사의 삶을 살고 싶었던 모양이다. 스트릭랜드 역시 가슴에 억눌렸던 욕망을 인정하고 밥을 굶지 않을 정도의 백수로서의 삶을 살기로 작정을 한 것이었다. 그는 가슴속에 잠들어 있던 그 야성을 기어이 깨우고 만 것이었다. 우리는 야성을 거세당한 채 이 사회를 살아간다. 우리의 야성은 아직도 가슴속 깊은 곳에서 우리가 불러주기를 조용히 기다리고 있다. 그것은 어느 순간 어떤 상황이 닥치면 가슴속 깊은 곳에서 포효하기 시작한다.

　갑자기 이유도 모른 채 가슴이 터질 듯 끓어오르는 것을 경험한 적이 없었는가? 조르바가 흥겹게 미칠 듯이 표현하고 싶은 마음을 산투루를 치면서 해변을 '폴짝, 폴짝' 미친 사람처럼 날뛰며 춤을 추던 것처럼 주체하지 못할 때는 누구나 있다. 안타깝게도 그것을 누르거나 그것이 무엇을 의미하는지 모르고 살아왔을 뿐이다. 이제는 그 소리를 무시하지 말자. 그 소리를 다시 만나려면 가장 중요한 것은 자신과 끊임없이 대화하는 것이다. 자기 성찰은 그래서 중요하고 필요한 것이다. 자기 성찰은 바로 홀로 있는 고독 속에서만 온전히 만들어지고 이루어지는 것이다.

　스트릭랜드는 더 이상 남의 인생을 살아가는 꼭두각시가 되는 것이 아니라 자신의 바다에 빠져서 마음껏 그림을 그리고 싶었다. 그렇게 하지 않으면 현실의 꼭두각시 인형이 득실거리는 바다에서 헤어 나오지 못하고 숨이 막혀서 죽을 것만 같았기 때문이다. 지금의 삶이 감옥같이 느껴진다면 우리 '방외지사'의 삶을 꿈꾸어도 좋지 아니한가? 여기 하늘을 나는 고독의 시간 속에서 자신의 길을 가고자 하는 열정적인 또 다른 한 방외지사가 있다. 책 『갈매기의 꿈』에서 갈매기 조나단은 대단한 열성파다. 하늘을 빠르고 멋지게 날기 위한 것에 관해서는 최고의 열정을 보여준다. 조나단에게는 먹는 일보다 하늘을 나는 일이 더 중요한 것이었다. 조나단은 생존을 위한 먹이의 확보가 아닌 꿈을 이루기 위한 비행을 이루어 보이려고 노력한다. 그런 그도 처음에는 다른 갈매기들처럼 바닷가의 쓰레기더미와 부둣가와 고깃배 주위를 맴돌았다. 배에서 떨어지는 물고기나 어부들이 먹다 버린 빵 조각을 먹으려고 서로 다투는 생활을 했다. 갈매기들은 해변에서 겨우 먹이를 찾은 다음에는 또 제자리로 돌아서 있다가 배가 고프면 다시 먹이를 찾곤 했다.

그것이 갈매기들에게 주어진 삶의 전부였다. 그 갈매기들에겐 새로운 꿈이란 없었다. 먹고사는 데에만 집착하는 삶에 회의를 느낀 조나단은 보다 높이 날아오르고 싶은 가슴속의 갈망을 느낀다. 누구도 시도해 보지 않고, 누구도 입에 담지도 않는 결코 가능할 것 같지 않은 '꿈으로의 목표와 초월'을 향해 하늘을 날기 시작한다. 조나단은 친구들에게 말한다. "우리는 더 높이 날 수가 있다. 그리고 우리는 더 멀리 바라볼 수가 있다." 그러나 친구들과 부모 형제들은 그런 그를 이해하지 못했고, 조나단은 결국 갈매기 집단으로부터 떠나야 했다. 무리의 질서를 깨는 이의 결말이다. 무엇 때문에 그렇게 쓸데없는 고생을 하느냐는 모두의 만류를 뿌리치고 하늘을 나는 연습을 계속하는 방외지사. 결국 그렇게 피나는 노력과 눈물겨운 인내로 어떤 새보다 높이, 빠르고 멋지게 하늘을 날 수 있게 된다. 꿈을 실현한 조나단은 자기만족에 그치지 않고 동료 갈매기들을 자신이 도달한 높은 하늘과 비행의 기술로 이끈다.

'모두에게 있는 초월적 능력을 불러일으키기만 하면 누구나 그런 존재가 될 수 있다'는 신념을 갈매기 조나단은 다른 갈매기들에게 심어준다. 그렇다. 그는 고독한 선구자였다. 우리 인생의 참 의미가 어디에 있는지를 보여주는 이 소설은 꿈이 있는 자는 높이 날 수 있고 높이 날아야 한다는 이야기를 전하고 있다. 갈매기의 꿈은 인간은 먹고살기 위해 이 세상에 온 것이 아니라 진정한 자아를 찾아 각자의 꿈을 이루기 위해 온 것이라는 사실을 일깨워준다.

"왜 그러니, 존? 왜 그래? 여느 새들처럼 사는 게 왜 그리 어려운 게냐, 존? 그런 비행은 펠리컨이나 알바트로스에게 맡기면 안 되겠니? 왜 먹지 않는 게냐? 얘야, 비쩍 마른 것 좀 봐라!" "비쩍 말라도 상관없어요, 엄마. 저는 공중에서 무얼 할 수 있고, 무얼 할 수 없는지 알고 싶을 뿐이에요, 그게 다예요. 그냥 알고 싶어요." 꿈과 이상을 품은 이들에겐 지금의 고난과 궁핍이 그리 대단한 것은 아니다. 조나단이 먹지 못하여 비쩍 말라보이든 어떻든 상관없다고 말하듯이 말이다. 다만 그들은 자신이 무엇을 할 수 있을지, 그것을 얼마만큼 잘해낼 수 있을지를 확인하고 싶은 것이다. 말하자면 자신 안에 잠들어 있는 '그 거인'을 불러 깨워내고 싶은 것이었다. 잠시 수련에 힘쓰면 그것을 증명할 수가 있고, 스스로 깨닫고 좀 더 재미있는 삶을 살게 될 텐데, 왜 그게 그리도 힘이 드는 것일까? 인정하고 싶지 않고, 재미난 놀거리가 많기 때문이다.

여기 하늘의 방외지사 갈매기 조나단에게 뒤지지 않는 '반골 기질'로 세상과의 거리를 두는 땅 위 방외지사의 캐릭터가 또 하나 있으니 바로 '허클베리 핀'이다. 허클베리 핀은 말 그대로 '밑바닥' 인생이다. 동네에서 이름난 주정뱅이의 아들이자 부랑 소년이다. 옷차림도 넝마에 누더기가 기본이다. 헉은 날씨가 좋으면 남의 집 문간 계단에서 잠을 자고, 비가 올 때면 큰 나무통에 들어가 잠을 잤다. 학교에도, 교회에도 갈 필요가 없었고, 낚시하고 헤엄을 치고 마음이 내킬 때만 원하는 것을 했다. 어린 시절 읽었던 『허클베리 핀』과 지금 다시 읽는 느낌은 사뭇 달랐다. 그런 허클베리 핀을 보면서 '이 녀석은 정말로 인생을 재미나게 사는구나.' 하고 부럽다고 느꼈다. 맞다. 이런 캐릭터는 우리에겐 몹시 낯설다. 깔끔하게 입고 다니고 선생님과 어른의 말에는 고분고분한 아이들. 이게 이 사회가 바라는 아이들의 모습이 아니던가 말이다. 지금 만약 허클베리 핀이 있다면 사회 전체가 한 손엔 망치를 들고 다른 한 손엔 드라이버를 들고서 이 사회에 맞게 교정, 수정, 개선하려 들 것이다. 그런 의미에서 이 아이는 이 시대에 태어나지 않은 게 천만다행이다.

그러던 어느 날, 말썽이라면 둘째가라면 서러운 절친 '톰 소여'와 모험을 벌이다 뜻밖에 큰돈을 손에 넣게 되고, 그때부터 허클베리 핀은 더글라스 과부댁으로 입양되어 처음으로 온갖 규칙과 매너를 지키며 살아가야 하는 숨 막히는 시간을 보내게 된다. 미쳐버리기 일보 직전의 허클베리 핀은 다시 예전의 집인 자신의 통나무로 도망간다. 그를 찾아온 친구 톰에게 절규하듯이 말한다. "과부댁은 종이 땡땡 울리면 식사하고, 종이 땡땡 울리면 잠을 자고, 또 종이 땡땡 울리면 일어난다니까. 모든 일이 하나같이 지독하게 규칙적이라서 정말로 견딜 수가 없어." 허클베리 핀의 그 하소연은 설득력이 있었다. 들개에게 목줄을 차고 집에 묶어두는 꼴이었으니. 얼마나 미칠 지경이었을까?

"다른 아이들도 다 그렇게 하고 있어, 허클베리 핀!" 톰이 그렇게 말을 하자 "톰, 나는 다른 아이들이 아니잖아!"라고 한다. 필자는 이 한마디에 이 꼬마 방외지사의 팬이 되어버렸다! 이 얼마나 멋진 존재감이란 말인가! 그리고 이어지는 이 꼬마 방외지사의 결정타! "먹을거리가 너무 쉽게 얻어지니까 도무지 밥맛이 없어." 그렇게 허클베리 핀은 길바닥에서 얻은 삶의 이치와 '멋과 맛'을 잃었다가 도로 찾은 것이다. 그 모든 게 다 그놈의 돈 때문이었다. 그러면서 톰에게 돈을 가지라고 한다. 자신은 쉽게 손에 넣을 수 있는 것에는 관심도 없다면서. 아이지만 허클베리 핀은 갈매기 조나단처럼 자기 삶에서 무엇이 중요하고 그렇지 않은지를 정확히 파악하고 있었다. 한마디로 이 두 방외지사는 자신의 메타인지가 수준급이다.

갈매기 조나단과 허클베리 핀을 보면서 이런 생각을 해 보게 된다. 우리는 세상의 관습과 사회의 시계에 따라 살고 있다. '요람에서 무덤까지' 우리는 타인의 간섭과 강요와 억누름에 살아가는 중이다. 과연 그 끝에는 무엇이 기다리고 있을까? 이제는 자기 삶의 운전대를 잡아야 할 때다. 자유를 꿈꾸었던 갈매기 조나단과 허클베리 핀처럼 그렇게 자신의 인생의 핸들을 부여잡는 주인이 되어야 한다. 그랬을 때 우리는 생각대로 살고, 우리 방식대로 숨을 쉴 수가 있다. 그리고 그것은 '생각하는 대로 살지 않으면 사는 대로 생각하게 된다.'라는 말처럼 우리의 삶을 결정하게 된다. 우리 꿈과 야성을 잃지 말자. 지금의 세상은 잠시만 정신을 팔면 우리의 자유의지와 시간을 빼앗아 가는 것들이 너무 많다. 갈매기 조나단의 하늘은 우리의 머리 위에도 열려 있다. 우리도 상상의 나래를 펼쳐서 자신의 하늘을 날아 보자. 그리고 허클베리 핀의 자유의지 또한 우리 앞에 펼쳐져 있다. 이렇게 사는 것이 무책임하고 어려워 보이는가? 어느 시대에나 그 시대의 이단아, 똘끼, 아웃 사이더, 방외지사는 있기 마련이다. 그리고 재미있는 사실은 그러한 삶을 사는 이들이야말로 진짜 인생을 살고 행복했다는 사실이다. 늘 세상과 일정한 거리를 두자. 인생이 바뀌어 갈 것이다. 의도적인 혼자만의 시간을 만들자.

#. 세상과의 건강한 거리두기를 해야 할 때이다. 『팡새』의 저자인 파스칼은 이렇게 말했다. 우리 인간이 겪는 불행은 조용한 방안에 홀로 가만히 있지 못하는 데서 비롯된다고 말이다. 혼자만의 시간, 혼자만의 공간에서 때로는 멍때리기도 하고 사색도 하자. 책을 읽기도 하고, 글을 쓰기도 하자. 세상과의 무분별한 그 연결의 고리를 모두 끊고서 칩거에 들어가는 시간이 그래서 필요하다. 빌 게이츠가 아니더라도 누구나 자신만의 '생각 주간'을 위해 칩거에 들어가는 시간이 더욱 절실해지는 요즘이 아닐까?

『월든』:
나만의 힐링 존을 찾아서
자신만의 동굴(안식처)을 찾아라

"어떤 사람이 자기의 또래들과 보조를 맞추지 않는다면 그것은 그가 그들과는 다른 고수의 북소리를 듣고 있기 때문일 것이다. 그 사람으로 하여 자신이 듣는 음악에 맞추어 걸어가도록 내버려 두라."

– 『월든』

『월든』은 소로우가 1845년 월든 호숫가의 숲속에 들어가 통나무집을 짓고 밭을 일구며, 그 소박하게 자급자족하는 2년간의 생활을 기록한 위대한 산물이다. 그가 이 책에서 전하고자 한 메시지는 대자연의 예찬과 문명사회에 대한 통렬한 비판이다. 그리고 어떤 것에 의해서도 구속받지 않으려는 한 자주적 인간의 독립 선언문이기도 하다. 소로우는 하버드 대학을 졸업한 후 안정된 직업을 갖지 않고 측량 일이나 목수 일 같은 정직한 육

체노동으로 생계를 유지하는 것을 선호했다. 그는 왜 월든 숲속에 들어간 것일까? "내가 숲속으로 들어간 것은 인생을 의도적으로 살고 싶었기 때문이다. 즉, 인생의 본질적인 사실에만 직면해도 인생의 가르침을 배울 수 있는지 확인해보고 싶었다고 한다. 죽을 때 자신이 인생을 헛산 게 아니었다는 것을 깨닫고 싶었기 때문이다. 나는 삶이 아닌 삶을 살고 싶지 않았다. 삶이란 매우 소중한 것이기 때문이다. 또한 불가피한 경우가 아니라면 체념하고 싶지도 않았다." 여기서 중요한 사실은 소로우는 자신의 자유의지를 고독의 숲속으로 향하게 했다는 사실이다. 이는 그가 말한 '의도적'인 선택이라는 데 더 큰 의미가 있다고 보인다.

사실 우리가 가진 것을 내려놓고서 고독이 가득한 숲속으로 들어가서 산다는 것은 아무나 할 수 있는 선택이 아니다. 그런 인생은 의도적이고 능동적으로 생각하고 판단하지 못한다면 결코 이룰 수가 없는 일이다. 소로우가 가장 경계한 것은 바로 자신의 방식대로 의도적으로 살지 못하게 만드는 것들이 아니었을까? 사람들은 늘 소로우에게 이런 말을 하곤 한다. "그곳에선 무척 외롭겠군요. 특히나 눈이나 비가 오는 날이나 밤 같은 때는 이웃이 그립지 않습니까?" 소로우에게 이런 질문을 던지면 소로우는 다음과 같이 '혼자 있는 시간'과 '고독'에 대해서 자신의 철학을 들려준다. "나는 대부분 시간을 혼자 지내는 것이 심신에 좋다고 생각한다. 아무리 좋은 사람들이라도 같이 있으면 싫증이 나고 주의가 산만해진다. 나는 혼자 있는 것이 좋다. 나는 고독만큼 친해지기 쉬운 벗을 아직 찾아내지 못하고 있다."

우리에게 주어진 문제에 대해서 몇 가지 생각하게 된다. 소로우의 그 시절과 지금의 시절을 살아가는 인간들의 모습은 별반 다르지 않다. 늘 함께 친목을 도모한답시고 매일 만나고 또 만난다. 지금의 테크놀로지 시대에는 잠자는 순간까지 누군가를 만나고 있으니 말이다. (온라인 세계에서도 그렇다.) 소로우의 그 지적처럼 우리는 대부분 시간을 혼자 지내는 것이 심신에 좋다고 필자도 동의한다. 파스칼은 "모든 인간의 불행은 방 안에 조용히 혼자 앉아있지 못하는 데서 비롯된다."라고 했다. 그 말이 의미하는 것이 무엇인지 이제는 우리의 가슴으로 받아들이고 진지하게 생각을 해야 할 시기가 아닐까? 우리는 병적으로 사람들과 무리를 쫓아서 다닌다. 이 테크놀로지 세상에서는 역설적이지만, 매일같이 온라인 세상에서 지루함을 쫓기 위해 접속하고 살아간다. 그리고 무한한 외로움과 사람들의 관심 받기도 끊임없이 원하고 있다. 늑대가 자기 피까지 마시며 얼음 칼날을 핥아대다가 결국은 죽어가는 것과 무엇이 다른가? 아무리 좋은 사람들과도 같이 있어봤자 결국은 싫증이 난다. 주의가 산만해진다. 필자 역시 고독만큼 친해지기 쉬운 벗을 아직 찾지 못하고 있다. 고독이란 벗은 오직 우리 자신에게 오롯이 향한다. 이 글의 첫 문장에서 소로우가 말한 것과 같이 우리는 성공이란 것을 하려고 얼마나 무모하게 굴고 서두르며 살아가고 있는가? 타인이 우리의 북소리와 다르게 보조를 맞추면서 걸어가더라도 내버려 두어야 한다. 개개인들은 각자만의 음악에 맞추어 걸어가면 되는 것이다. 그게 어떤 형식이든 내버려 두어야 한다. 자신만의 성장 속도에 따라서 커가는 사과나무가 왜 떡갈나무와 같은 속도로 커 가야 하는가 말이다. 우리가 그들의 보조를 맞추기 위해서 우리의 계절을 굳이 바꾸어야 한단 말인가?

"나는 누군가에게 강요당하기 위해 이 세상에 태어난 것이 아니다. 나는 내 방식대로 살아갈 것이다. 누가 더 강한지 두고 보자." 소로우의 이 말과 같이 자기의 삶을 자신의 방식대로 살아가 보자. 그럴 때 우리는 어디에 발을 딛고 서 있건 그곳이 바로 우리만의 '월든'이 되지 않을까? 조셉 캠벨은 미국의 신화학자, 종교학자이자 작가이다. 그는 한때 대학을 떠난 후 우드스톡 숲에서 5년간 머물렀다. 1년에 20달러짜리 오두막에 세 들어 살게 되는데 그 기간 그는 엄청난 독서와 사색 그리고 습작에 몰두한다. 이때 캠벨은 어떤 책을 잡고 그 저자가 쓴 책 전부를 읽었다. 그다음 그 저자에 영향을 준 저자를 찾아 또 그 저자가 쓴 책 전부를 읽었다. 실로 그 기간의 캠벨은 대단한 독서량을 소화했다. 그는 5년이라는 시간을 오롯이 자기를 완성하는 시간에 바쳤다. 그는 그 시기에 자신을 찾고 자신만의 신화를 완성할 수 있었다. 5년간의 우드스톡의 오두막에서 보낸 독서와 고독의 시간은 그를 신화학자로 태어나게 한 또 다른 선물이었다. 공교롭게도 커다란 성장과 성공을 이룬 이들 뒤에는 홀로 있는 시간과 고독이 있었음을 확인하게 된다. 결론은? 고독은 힘이 강하다. 건투를 빈다! 혼자 있는 시간을 어떻게 보낼 것인가? 인생의 갈림길과 성패는 바로 거기서 나뉘게 된다. 왜 혼자여야 하는가? 그것은 혼자일 수 없다면 한 발짝도 앞으로 나아갈 수가 없기 때문이다.

우리나라에서도 잘 알려진 베스트셀러『혼자 있는 시간의 힘』의 저자 사이토 다카시의 삶이 그랬다. 사이토 다카시. 그는 일본의 메이지대 인기 교수이자 유명한 저자이지만 그의 과거는 처참했고 쓰라렸다. 서른 살이 넘도록 변변한 직업이 없었으며, 심지어 가족의 생계를 책임져야 하는 한 가정의 가장이었다. 그런 그의 고통의 시간이 짐작이 가는가? 그러나 그는 열여덟 살부터 첫 직장을 얻은 서른두 살까지 철저히 혼자만의 시간을 보낸다. 목표를 현실로 만들기 위해 묵묵히 내공을 쌓으며 자신만의 시절인연을 기다려왔다. 성과가 당장 눈앞에 나타나지도, 다른 사람들이 인정해주지도 않았지만, 그는 자신을 믿었다. 그리고 혼자 있는 시간 동안 자신의 내공을 차곡차곡 쌓아나갔다. 그 시간이 지금의 자신을 있게 했다. 그는『혼자 있는 시간의 힘』을 통해 목표를 이루기 위해서는 타인의 방해가 없는 혼자 있는 시간이 필요하다고 말한다.

먼저 사이토 다카시는 무리 지어 다니면서 성공한 사람은 없다면서 중요한 순간일수록 철저하게 혼자가 되라고 말을 한다. 그는 실제로 대학에서 학생들을 가르치며 흥미로운 사실을 발견했다고 한다. 공교롭게도 혼자 수업을 듣는 학생이 친구들과 함께 몰려다니는 학생들에 비해서 학습에 필요한 에너지와 몰입도가 높았다는 것이다. 실제로 사이토 다카시 그 자신도 10년이 넘는 시간 동안 철저한 고독 속에서 혼자만의 공부에 몰입하며 실력을 쌓았다. 그러면서 그는 단호하게 말한다. "무리 지어 다니면서 성공한 사람은 없다."라고 말이다. 그의 이야기에 따르면 성공을 결정하는 가장 중요한 힘은 '타고난 두뇌'나 '공부의 양'이 아닌 바로 '혼자 있는 시간에 집중할 수 있는 질적인 힘'이다.

반면, 우리는 어떠한가? 어딘가에 소속되지 못하고 가까운 친구가 없으면 자신을 낙오자로 낙인찍는다. 그 결과 관계에 필요 이상의 에너지와 힘을 쏟는다. 이것은 중요한 문제이다. 물론 우리가 살아가는 데 인간관계는 무척 중요하다. 하지만 모든 관계가 다 그렇듯이 모두가 좋은 영향을 주고받는 것은 아닐 것이다. 때로는 의미 없는 주위의 평가나 비교가 자신감을 갉아 먹는 주범이 되기도 한다. 그렇기에 인생에서 중요한 시기일수록 의도적이고 적극적으로 혼자가 되어야 한다. 누구의 말에도 휘둘리지 않고 내면에 침잠하듯이 자신만의 목표에 집중해서 달려야 한다. 이렇게 반문할지도 모른다. 같이 팀을 이루면 더 큰 효과와 힘을 발휘할 수가 있지 않냐고 말이다. 지금 우리가 주목해야 할 것은 우리는 과도할 정도로 혼자 있는 시간을 배제하고 살아간다는 사실이다. 어쩌면 그 혼자 있는 시간에 만들어지는 것들이 우리의 인생을 바꿀 요소일지도 모르는데 말이다.

사람은 철저하게 혼자일 때 성장한다고 믿는다. 우리는 혼자 있을 때 주로 음악을 듣거나 게임을 하거나, 영화를 보기 위해 스마트폰을 자주 본다. 스마트폰으로 여러 가지 취미생활도 하기도 한다. 물론 이런 시간은 무료함을 달래주고 아무것도 하지 않는 것보다는 나으며 우리를 즐겁게 하기도 한다. 하지만 뇌 과학 연구에 의하면 음악을 들을 때와 영화를 볼 때의 사람의 뇌는 거의 활동하지 않는다고 한다. 사이토 다카시 역시 이런 '수동적인 방법'은 혼자 있는 시간을 보내는 데 별 도움이 되지 않는다고 말한다. 당신은 혼자 밥을 먹고, 혼자 영화를 보러 가는 것을 어떻게 생각하는가? 우리에게도 혼자 밥을 먹는 풍경은 낯선 것이다. 그래서 되도록 혼자서는 밥을 먹으려고 하지 않는다. 하지만 지금은 대학가를 중심으로 혼자 밥 먹는 문화가 확산 중이다. 일명 '혼밥(혼자 먹는 밥)'이라는 신조어가 생기기도 했다. 일본처럼 혼자 밥을 먹는 이들을 위한 사회적 인프라와 배려도 서서히 갖춰져 가는 분위기이다.

20~30대 직장인을 대상으로 벌인 설문조사에 따르면 열에 아홉은 혼밥을 경험한 적이 있다고 답했다. 그리고 응답자의 절반은 혼밥을 즐기고, 나머지 절반은 함께 먹을 사람이 없이 혼자 밥을 먹는다고 한다. 그리고 한국인과 일본인들은 유독 혼밥을 꺼리는데 그 가장 큰 이유는 바로 '남의 시선'이다. 혼자서 밥을 먹는 이유가 바빠서, 편해서, 혼자 있고 싶어서

등 다양한 이유로 인해 혼자만의 시간을 갖는 사람이 많아졌다. 그러나 여전히 혼자서 무언가를 하기 두려운 사람, 혼자 있는 시간을 어떻게 보내야 할지 모르는 사람도 많다. 일본의 야구 영웅이자 메이저리그의 전설인 일본인 야구선수 스즈키 이치로. 그는 혼자만의 의식적인 훈련과 자기관리로 40대 중반까지 메이저리그에서 선수 생활을 이어갔다. 그야말로 자기관리의 화신이었다. 그가 야구 인생에서 남긴 메시지는 영원히 사라지지 않을 것이다. 그는 혼자만의 철저한 의식을 통한 준비를 해서 그 최고의 자리에 올라간 것이다. 그의 경기장 출근 시간은 항상 경기 4시간 전이다. 다른 선수들보다 1시간 정도 빠르다. 이치로는 경기장에 도착하자마자 자신만의 의식적인 작업을 시작한다. 부상 방지를 위한 스트레칭과 각종 예방 운동이 그것이다. 발 마사지를 먼저 해주고 몸 여기저기를 마사지 기계를 이용하여 풀어준다. 그렇게 30분 가까이 정성을 들인다. 그런 다음 야구 장비를 꺼내 정성스럽게 손질한다. 유니폼의 실타래 하나까지 깨끗하게 정리가 끝나면 흐트러진 라커 앞을 깨끗이 청소한다. 그리고 그라운드에 나가서 팀 전체 준비 운동에 참가한다. 동료들과는 꼭 두어 걸음 떨어진다. 그 속에서도 그는 대화보다는 혼자만의 공간에서 혼자만의 의식에 여념이 없다. 다들 끝내고 흩어져도 혼자 남아 20분 정도를 계속한다. 목과 등, 허리, 발목, 무릎 등을 꼼꼼하게 풀어준다. 이치로에게 부상을 막기 위한 노력은 일상생활 그 자체이다. 그는 허리에 부담이 갈 수 있다고 해서 푹신한 소파도 마다한다. 시력 보호를 위해 TV 시청도 멀리하는 것은 익히 알려진 사실이다. 라커룸에서는 딱딱한 철제 의자만 사용하고 스파이크를 신으면 계단도 피한다. 장애인용 슬로프를 이용한다. 발목이 걱정돼서다. 병적이라 할 만큼 철저하지만, 그의 이러한 진정한 프로다운 모습이 있었기에 메이저리그에서 누구나가 인정하는 선수들만이 들어갈 수 있는 '명예의 전당'에 입성을 한 것이 아닐까? 일본에서부터 따지면 무려 25년간의 선수 생활을 한 이치로는 아시아뿐이 아닌 전 세계 야구계의 전설이다.

한번은 국가 대표 동료였던 고쿠보 히데키가 그에게 이렇게 물었다고 한다. "당신은 무엇을 목표로 야구를 하느냐?" 그의 답변이 이랬다. "넌 숫자를 남기기 위해 야구를 하느냐? 나는 마음속에 연마하고 싶은 돌이 있다. 야구를 통해 그 돌을 빛나게 하고 싶다." 그때 한 말이 유명한 '준비의 준비'다. "그러기 위해서는 (경기에 나설) 준비를 위한 준비까지 소홀히 할 수 없다." 이치로는 자기 몸에 맞춤형으로 제작된 특별한 트레이닝 기구를 쓴다. 집에 하나, 야구장 클럽하우스에 하나, 그리고 일본에 있는 부모님 집에 하나씩 가져다 놨다. 머무는 곳 어디서나 사용한다는 얘기다. 양키스 시절 동료였던 CC 사바시아의 기억이다.

"이치로가 쉬는 날은 1년에 딱 이틀이다. 시즌 끝난 다음 날과 크리스마스뿐이다. 나머지는 매일 훈련이다." 그의 아침 식사도 유명하다. 처음 미국에 와서 몇 년 동안은 늘 아내가 해준 카레라이스만 먹었다. 기호 때문이 아니다. 일정한 것을 먹고, 늘 안정된 컨디션을 유지하기 위해서다. 카레라이스 다음은 페퍼로니 피자였다. 미국에서 전국 어디를 가나 비슷한 맛에, 영양을 갖춘, 구하기 쉬운 메뉴이기 때문이었다. 대개 선수들이 컨디션에 따라 수시로 배트의 무게나 길이를 바꾼다. 하지만 그는 반대다. 항상 똑같은 것을 쓰면서 자기 몸 상태를 배트에 맞춘다. 제작자도 "평생 그렇게 일정한 것을 쓰는 사람은 없었다"고 감탄한다. 병적인 그의 몸 관리에 대해 누군가 한마디 했다. 너무한 거 아니냐고. 그러자 돌아온 대답이 이랬다. "내가 지금 얼마를 받고 있나 생각한다. 그 연봉에 대한 책임감, 그리고 팬들에게 최선의 모습을 보여줘야 한다는 의무감에서 벗어날 수 없다." 흥미롭게도 재능이 많은 사람일수록 혼자일 때 자신이 이루어야 할 세계에 대해 생각한다. 즉, 혼자만의 시간에 깊이 생각한다는 것은 재능의 증거이기도 하다.

  스즈키 이치로의 삶을 들여다보고 있노라면 감탄의 연속이고 어찌 같은 사람으로서 이리도 다를 수가 있는지 경이롭기까지 하다. 그의 이야기와 삶을 통해서 성장하고, 성공하고 싶다면 철저하게 독고다이 인생, 단독자의 인생을 살아가는 게 유리하다는 것을 그의 삶을 통해서 알 수가 있다. 실로 무리에 끼어서 사는 것은 에너지와 시간의 낭비가 될 소지가 너무도 많은 지금의 시대가 아닌가? 왜 아닌가? 괄목상대할 정도로 서로의 식견에 감탄할 만한 이는 보이지 않는다. 모두가 스마트폰을 들여다보고 하찮고, 허접한 연애 기사나 이야기로 가득한 이런 빈곤한 내면의 세상에서 무슨 성장과 성공을 바라는 것일까? 이런 스즈키 이치로를 보면 프로 근성과 자신의 업에서 프로페셔널이란 진정으로 어떤 것을 의미할까? 라고 다시금 묻지 않을 수가 없을 것이다. 이치로는 사람들과 어울려 보내는 시간보다는 혼자일 때 자신의 마음속에 있는 그 연마하고 싶은 돌을 떠올리라고 한다. 그리고 어떻게 하면 더욱 빛나게 만들 수 있을지를 깊이 생각해야 한다고 말한다. 언제? 바로 혼자만의 그 시간에 말이다. 그랬을 때 인생은 정체된 그 홈을 벗어나서 서서히 굴러가기 시작할 것이라고 필자는 생각한다. 혼자만의 시간과 장소를 마련하여 자신이 이루고자 하는 세계에 대해서 오늘 깊이 생각해 보는 시간을 가지고 싶다.

#. "우리는 누군가에게 강요받기 위해서 태어난 게 아니다. 우리는 우리 방식으로 살아가야 한다. 누가 더 강한지는 두고 보면 안다." 소로우의 글이다. 월든이란 아름다운 숲에서 2년이란 시간 동안 자기만의 공간에서 세상과의 접점을 끊고서 살아온 소로우의 삶을 보면 경이롭고도 경악스럽다. '나라면 저렇게 할 수가 있을까? 저게 가능할까?'라고 말이다. 그런데 혼자 조용히 있어 보면 안다. 출렁이던 그 정신없던 물결들이 서서히 잠잠해지고 찾아오는 평화로움과 적막함이 주는 그 평안함은 일찍이 느껴보지 못한 시간이 될 것이다. 이것만으로도 우리는 자신만의 월든이 필요하다. 동의하는가?

『임꺽정』:
무리 밖으로 벗어나라

필살기를 갖춘 단독자로 살아가지 못하는 사람들에게

무리에게 의존하지 않고 단독자의 삶을 살기 위해서 가장 중요한 것이 무엇일까? 바로 '배우는 것'이다. 그리고 그 배움은 자신을 지켜주고 다른 사람에게 불필요하게 기대지 않게 하는 '실력자'의 삶을 살게 해준다. 그런 의미에서 필자가 벽초 홍명희의 소설 『임꺽정』을 만난 것은 참으로 행운이었다. 임꺽정과 그의 패거리들은 비주류의 삶인 마이너리그에서의 삶을 살아간다. 그 속에서 어딘가에 소속되지 않고도 당당하게 자신만의 삶을 살아갈 수 있다는 것을 보여준다. 이 책은 무척 재미있다. 어릴 적부터 사고를 하도 많이 쳐서 할머니로부터 "걱정아. 걱정아."라고 불리다가 결국은 '꺽정이'가 된 그는 그 시대의 '왕따' 계급인 백정으로 태어난다. 소설 『임꺽정』은 10부작의 만만찮은 분량의 책이다. 필자는 그 책에 너무 빠져들어서는 책을 완독한 후 그들과의 이별이 너무 아쉬워서 다시 끄집어내어 읽을 정도였다. 그만큼 임꺽정의 이야기에는 끊기 힘든 매력이 있다. 이야기의 중심이 되는 임꺽정이의 패거리들에 대해 풀어보도록 하자. 그들은 바로 '칠 두령'이라고 불리는 7명의 두령이다. 재미있는 것은 이들은 각자의 분야에서 최고의 '달인급'의 필살기를 하나씩 지니고 있다는 사실이다. 그렇기에 꺽정이의 둘레에서 살 수가 있는 것이겠지. 그렇다. 그들은 가진 것은 개뿔도 없고 출신조차 천했지만, 바로 '배우는 남자들'이었다. 그들은 왜 배우는 것일까? 단지 그들은 재밌어서 배웠을 뿐이다. 그 속에는 몰입의 경지가 있었다. 그렇게 그들은 '백수'에서 '달인'으로 삶을 살면서 누군가에게 의존하는 삶과 거리를 둔 것이다. 아니, 백수와 달인의 삶을 함께 구가했다고 보는 것이 옳으리라. 자신의 힘으로 일어나고 독립하는 힘을 기르기 위해서는 배움이 가장 중요하다.

그렇다면 그 배움은 또 어떠한 자세로 임해야만 가장 효과가 큰지에 대해서 이들 방외지사를 통해 알아보도록 하자. 미리 말해 두지만, 일단은 즐거워야 하고, 그리고 압도적인 노력은 필수다. 소설 『임꺽정』 속의 달인들을 만나러 가 보자. 먼저 활쏘기의 달인 봉학이는 어릴 때부터 활쏘기에 열성이었다. 누가 특별히 가르쳐 준 것도 아니었다. 매일 지극정성으로 열심히 활쏘기에 미쳤다고 보면 된다. 절에 가서는 태조대왕처럼, 자기도 활을 잘 쏘게 해 달라고 빌 정도였다. 그만큼 간절하게 잘 쏘고 싶었나 보다. 태조 이성계는 활을 잘 쏘았다고 한다. 그런데 사실 활쏘기를 잘한다고 해서 영광이 오는 것도 아니고 누가 알아주는 것도 아니다. 왜냐하면 봉학이의 신분이 미천하였기 때문이다. 아무리 재주가 뛰어나도 그 시대는 바로 절대 신분제를 유지하는 조선의 사회였다. 개천에서 용이 날 수가 없다는 말이다. 그렇게 활쏘기의 달인이 되어도 과거를 볼 수 있는 것도 아니고 무예가 출중한 무사로서 성공할 배경이 없었다. 그런 과정을 거칠 줄을 뻔히 알면서도 봉학이는 재미를 느끼고, 충만함을 느꼈다. 그 후 봉학이가 얼마나 활을 잘 쏘게 되었느냐를 볼 것 같으면, 필자도 신이 나서 떠들어 대고 싶다. 파리를 잡는 활을 만들어서 한 살에 꿰어 버릴 정도가 된다. 한 번은 봉학이의 활 솜씨를 보자고 든 사람들이 마당에 앉은 참새의 눈을 꿰어 보라고 한다. 봉학이는 그런 것쯤 시시하다면서 참새의 왼쪽 눈을 맞춰서 오른쪽 눈으로 꿰어 보이겠다고 하고 바로 말한 대로 명중시켜 버릴 만큼 신궁의 솜씨를 지니게 된다. 어디 꺽정이의 주변 인물 중에 이봉학뿐이겠는가? 표창의 달인인 유복의 경우는 병이 들어 앉은뱅이가 되어 아무것도 할 수가 없었는데, 그때부터 줄곧 표창을 던진 것이었다.

만약 우리네라면 '나는 바빠서 못하고, 이래서 못하고, 저래서 못한다.'라고 하면서 스마트폰에 빠져서 살았겠지? 그런데 유복에게는 앉은뱅이의 병도 장애가 되지 않는 것이었다. 앉은뱅이가 되어서도 궁둥이로 이리저리 오가고 간신히 강냉이 따위로 끼니를 때우는 와중에, 자기가 할 수 있는 일이 아무것도 없었다. 그는 종일 마당에 그렇게 앉아서 심심풀이로 표창을 던졌다. 그리고 나중에는 표창 던지기의 달인이 되어 도적 굴에서 활약하게 된다. 그리고 돌팔매의 달인 배돌석이도 있다. 축지법과 장기의 달인인 꺽정이의 처남인 황천왕동이도 있고, 그리고 달인에게서 배운 꺽정이도 검술의 달인이었다. 다들 그렇게 누군가에게 등 떠밀려서 꾸역꾸역 시킴을 받은 배움이 아니었다. 그들은 그렇게 조선 사회에서 어딘가에 귀속되어 근근이 빌어먹고 살았던 것이 아니다. 천하를 호령하는 산적으로서 그렇게 자유의지를 맘껏 발휘하면서 야생의 호랑이처럼 산속을 맘껏 누비며 살아온 것이었다. 여기서 우리가 알아두어야 할 재미있는 것은 칠두령, 그들이 정말 훌륭했던 점은 바로 무언가를 배울 때는 진심으로 배운다는 것이다. 아무런 대가가 없는데도 그들은 재미를 위해서라면 열성으로 배우는 것이었다. 그 자세가 이들을 마이너리그의 삶에서도 당당하게 살아가는 힘을 준 게 아닐까? 다른 사람에게 의존하는 삶이 싫거든 철저하게 자신이 좋아하고 잘할 수 있는 분야에서 최고의 실력을 갖추면 될 일이다. 요즘 같은 삶이 팍팍한 시절일수록 더욱더 남의 이야기에 휘둘리면 안 된다. 그 조언을 해 주는 이들 또한 결국 동물원에서 사육되는 동물들과 무엇이 다른가?

중요한 점은 우리가 사는 이 동물원 밖으로 뛰쳐나가서 사는 자유로운 동물들의 목소리에 귀를 기울여야 한다는 사실이다. 그들이 바로 '조르바'이며, '임꺽정'이며 세상의 방외지사들이라고 생각해도 좋으리라.

"백수는 시간의 노예로 사는 게 아니라 시간을 부리며 살아야 한다. (중략) 그리고 그 자유시간은 신체적 능력을 확장하는 정밀한 훈련에 쓰여야 한다."

- 「길 위에서 펼쳐지는 마이너리그의 향연」 중에서

우리는 모두 시간의 노예로 살아가고 있다. 이 사회라는 거대한 동물원에서 회사가 매달 던져주는 마약인 월급에 취해서 이 동물원을 벗어날 생각을 못 하고 살다가 삶을 마감하고 만다. 시간의 노예로 살지 말고 그 시간을 '부리며' 살아야 한다. 그러기 위해서는 제일 먼저 자신의 시간을 소모하는 행동들을 일절 금지해야 한다. 여기에는 당연히 가장 심각한 스마트폰에서 멀어져야 한다는 게 필자의 생각이다. 그리고 그 속에서 확보한 그 자유시간은 자신의 신체적, 정신적 능력을 확장하는 세밀하고 정밀한 훈련에 쓰면서 그 분야 달인의 삶을 살아야 한다고 말하는 바이다. 이 의지할 데 없는 세상에서 어딘가 부실한 곳에 기대거나 하고 싶지 않다면, 필살기의 배움을 통해 실력을 갈고닦아야 한다.

우리 주변에는 식사, 술, 여행이나 쇼핑도 혼자서는 하지 못하는 사람들이 의외로 많다. 이들 모두 혼자서는 할 수가 없고, 싫다는 사람들이다. 심지어 그들은 함께할 사람이 없다며 세상이 자신을 그런 눈빛(?)으로 바라보는 것도 싫어한다. 무리에 끼지 못하는 자신이 어딘가 미움받는 사람처럼 느껴져서 불안한 것이다. 그래서 더욱 필사적으로 무리 속으로 들어가려고 혈안이 된다. 만약 그 무리의 성격이 자신과 맞지 않으면, 무리하게 가면을 쓰고서라도 무리에 들어가고 싶어 한다. 이 정도면 거의 중증의 병이 아닌가?

이와 반대로 무리에 끼지 못한 사람을 보면 이상하게 바라보고 별종의 취급도 한다. 그리고 자신이 그 같은 외톨이(?)가 아닌 것에 안도한다. 이런 웃지 않을 수 없는 비정상적 사회의 정서 때문에 화제가 된 것이 바로 '화장실 혼밥'이나 '점심 친구 증후군'이다. 일본의 뉴스에서 언급된 후 사회적인 논란이 일고 있는 일이다. 학교나 직장에서 식사할 사람이 없다는 사실이 부끄러운 나머지 화장실이나 도서관에 숨어서 도시락을 먹는 현상을 말한다. 대체 이게 말이 되는가? 일본은 우리보다 타인의 시선과 평가에 병적일 정도로 집착하며 사는 나라이긴 하다. 뉴스에 보도되었던 어느 남자 대학생의 사례를 들어보자. "학교 구내식당에서 혼자 점심을 먹으면 친구가 없는 놈으로 보일까 봐, 식당에 갈 때는 아무나 같이 먹을 친구를 구합니다. 같이 먹을 사람이 없으면 학교 식당은 가지 않습니다." 가히 소름이 돋을 정도이다. 이런 현상은 왜 일어나는 것일까? 누군가는 '역시 고독과 외로움은 나쁜 거야.'라고 생각할 것이다. 그러나 실은 외로움이 문제가 아니라 주변으로부터 '친구 한 명 없는 사람'으로 비칠까 겁이 나는 것이다. '친구가 없다'라는 말은 지금의 사회에서는 '왕따'를 의미하거나 인간적 매력의 상실과도 같은 의미로 해석된다. 문제는 고독과 외로움, 혼자 있는 시간이 아니라, 타인의 시선에 그 올가미에서 벗어나지 못하고 두려워하며 고독은 나쁜 것, 부끄러운 것으로 규정짓게 되는 것이다.

홀로 됨을 두려워하는 사람들이 그만큼 많다는 방증과도 같다. 한비야의 『지도 밖으로 행군하라』에서 지도 밖으로 행군하듯이 우리는 무리 밖으로 행군하기 위해서는 혼자서 조용히 생각하는 시간을 가질 필요가 있다. 무리 밖으로 행군하기 위해서 우리가 갖추어야 할 배낭 속 짐은 필자가 생각하기에는 몇 권의 책과 사색이면 충분하다고 생각한다. 독서와 사색은 삶을 바꾸는 강력한 원군이 되어주는 법이다. 우리의 인생은 고독의 힘으로 완성되고, 혼자서 조용히 사색하는 시간으로 운명이 만들어진다. 홀로 책을 읽는 시간의 즐거움을 알고 있는가? 독서는 기본적으로 철저하게 '혼자 하는 행위'이다. 함께 책을 읽는 독서 모임도 있고 아이에게 책을 읽어줄 수도 있다. 그러나 책 속을 넘나들며 책의 내용을 온전히 내 것으로 만드는 그 소중한 경험은 누구와도 함께할 수 없고 누구도 대신할 수가 없는 것이다. 그 똑똑하다는 스마트폰과 인터넷조차도 존재하지 않던 시절, 우리에게 책이야말로 자신을 알아가고 세상을 알아가는 최고의 공부였다. 의미 있게 시간을 보내는 최고의 방법이었다. 우리는 책을 공부를 위해서도 읽었지만 시간 때우기에도 책만 한 것이 없었다. 물론 만화책도 훌륭한 텍스트이고 시간 보내기용으로 손색이 없었다. 그리고 아무리 킬링타임용이라 해도 만화책과 가볍게 읽을 수 있는 책은 정신적 자양분이 되어 주었다. 재미로 읽는 소설 속의 주인공에게서 배울 만한 것이 넘쳐 났고, 그 안에도 세상 살아가는 원리와 이치는 담겨 있었다. 그러나 지금 나타난 스마트폰과 인터넷의 문화에서는 그 편리성에도 불구하고 우리의 정신에 도움이 되는 지점이 그리 보이지 않는다. 물론 인터넷에서나 여러 동영상 가운데도 좋은 자료는 많다. 그러나 이는 아무래도 한쪽으로 일방적으로 흘려보내고 받아들이는 방식일 뿐이다. 이는 책처럼 행간 사이를 폴짝! 폴짝! 오가며 스스로의 힘으로 사고하는 기회 자체가 없고, 그러한 필요성도 없어지는 것이다.

책을 읽는다는 것은 끊임없이 읽는 이의 머리로 이해하고 판단하기를 요구받는 행위이다. 외로움은 필연적으로 사색을 낳고 그 과정에서 절대 빠뜨릴 수 없는 도구가 바로 책과 독서라는 행위이다. 이처럼 스스로 생각할 줄 아는 사람은 무리에 속해 있든 무리 밖에 있든, 남과 함께든 혼자 있든 상관없이 자신감이 넘치는 법이다. 여러 가지 생각과 자세를 받아들이면서도 남의 말에 쉽게 휩쓸리지도 않는다. 자신만의 주관이 바로 선 사람들이다. 그로 인해 남들이 어떻게 나를 바라보는지 따위의 쓸데없음에 관심을 가지지 않게 되니 마음이 편해지는 것이 제일 큰 이점이다. 이와 더불어 자기 발전에는 가속도가 더 붙는다. 우리가 관심을 가지고 배워야 하는 것은 남다른 세상의 식견이지, 불필요한 시선 따위가 아니다. 무리 밖으로 행군하기 위해서는 결코 타인의 의견과 생각에 휘둘리지 말아야 한다. 그리고 이는 독서를 통해서 충분히 얻게 될 것이라고 필자는 확신한다. 성공하고 싶다면 뒤떨어져 볼 일이다?

우리에게도 익숙한 만화 캐릭터인 도라에몽의 성우로 유명한 오야마 노부요의 중학생 시절은 자신의 목소리 때문에 고민이 많았다고 한다. 그러던 중 어머니의 권유로 목소리를 쓰는 동아리에 들어가서 활동하게 된다. 방송부에 들어간 것이다. 그런데 처음으로 교내 방송에 데뷔하던 날, '어이쿠!' 웬일인가? 그 목소리 때문에 곧바로 항의가 들어온 것이다. 오야마에겐 충격적이었지만 그는 방송을 계속했다. 그렇게 몇 개월이 흐르자 아무도 그 목소리에 토를 달지 않게 되었다. 그리고 우리가 아는 지금의 성공한 오야마 노부요가 되었다. 남다른 목소리를 지닌 그는 어머니의 권유 덕분에 자신에게 맞는 분야에서 꽃을 피울 수가 있었다. 우리가 흔히 말하는 '낙오자'라는 이름은 그저 무리에서 뒤떨어진 것에 불과하다. 하지만 우습게도 세상은 그런 이들에게 무리에 속해 있지 않다는 그 이유만으로 그 사람의 존재 자체까지 부정하기도 한다. 발명왕 에디슨은 어린 시절 선생으로부터 "넌 구제 불능이다!"라는 말을 들으면서 살아왔다. 또 친구들이 아는 체도 하지 않아 항상 우울하게 있던 아인슈타인은 어린 시절 저능아 취급당했다고 한다. 그런 그들을 저능아와 구제 불능이라고 묶어버리는 것은 바로 무리에 속해 있던 이들이다. 남들과 다르다는 것은 단지 그들과는 다른 재능이 있음을 의미하는 것이 아니던가. 우리는 이 사실을 깨닫지를 못한다. 누군가에게, 무리에서 뒤떨어진다는 것은 단지 '그들과 다르다.'라는 사실을 말이다. 인간이 성공하는 데는 뚜렷한 목적의식, 과감한 행동력, 그리고 성공할 때까지 계속하는 끈기, 지속력이 필요하다. 이를 위해서 도저히 어정쩡한 무리에서는 불가능함을 절실히 느낀다. 발목을 잡는 목소리와 눈초리가 너무도 많기 때문이다. 그렇기에 더욱 무리에서 벗어나 홀로 고독 속에서 능력을 갈고닦아야 할 일이다.

 일본의 야구선수 이치로는 철저하게 고독이란 공간 속에서 홀로 혹독하고 지속적인 훈련을 계속했기에 남보다 뛰어난 타격 능력과 야구의 센스를 습득할 수 있었다. 만약 이치로가 남들과 어울리기를 좋아했다면 결코 지금과 같은 높은 세계적인 야구선수가 될 수 없었으리라. 남과 어울리기를 좋아하는 사람이라면 성공은 포기해야 할 것이다. 우리는 흔히 '성공한 사람만의 고독'이라는 말을 자주 듣는데 이는 진실이다. 그들은 성공의 대가로 무리에서 벗어나 고독을 맛봐야 하고 성공한 후에도 그 고독의 과정은 이어지는 것이다. 이 세상에 성공하고 싶은 사람은 많으나 실제 성공하는 사람이 극소수인 이유는 바로 이것이지 않을까? 만약 어떤 학생이 이렇게 질문한다면 당신은 뭐라고 하겠는가? "저는 대화하는 게 서툴러서 주변에 친구들이 없어요. 그리고 저는 동료들과의 모임에도 끼지 않아요. 왜 혼자냐고 주변에서 물어오면 혼자 있는 게 편해서라고 하지만 실상은 무리에 들어가지 못한다는 것을 알아채는 듯해서 주눅이 들어요. 어떻게 해야 당당하게 혼자 설 수가 있을까요?" 우리가 무리를 짓고 사는 것은 지극히 당연한 일이다. 하지만 이 학생의 말처럼 어딘가에 속해 있지 않아서 하찮은 사람 취급을 받는다는 것은 말도 안 되는 일이다. 만약 이런 평가가 싫어 억지로 무리에 들어간다면 그 또한 불행한 일이 아닐 수가 없다.

어떻게 해야 무리에 신경 쓰지 않고 당당하게 자기 삶을 살 수가 있을까? 어떤 현명한 선생님은 이런 제안을 내놓았다. 그리고 아주 특이하다. 그는 "혼자만의 그 시간을 마음껏 즐기라"고 말했다. 그리고 독서를 권하고 있다. 지금의 학생들은 독서가 부족한데, 그 이유는 책 외에도 흥미를 끄는 재미있고 매력적인 매체가 넘치도록 많으니 예전처럼 책을 읽지 않는 것도 무리는 아니다. 하지만 그래도 책을 전혀 읽지 않는 것은 또 다른 훌륭한 도구를 방치시켜 녹슬게 만드는 것 같아서 안타까운 일이다. 만화부터라도 좋으니 일단은 시작해서 서서히 종이매체를 읽도록 해야 한다. 그리고 영상매체를 효율적으로 이용하는 편이 현명하다. 그렇게 책과 영상을 활용한 극 중의 독특하고 특별한 등장인물과의 만남에서 배우는 것들은 아무 생각 없이 끼리끼리 어울리며 시시한 말만 지껄이는 바보 같은 이들의 무리에 끼여서 살아가는 것보다는 백배는 유익하다고 조언한다. 그리고 스포츠나 취미 등을 배우라고 한다. 방과 후에 친구들과 어울리며 헛되게 시간을 낭비하지 않기 위해서라도 말이다. 어차피 정규 교육 기간은 언젠가는 끝나게 된다. 그리고 그사이에 자기를 위한 시간을 충분히 투자하고 자기관리를 하다 보면 오히려 남들이 볼 때는 어떤 '아우라'를 느끼게 되기도 한다. 그렇게 되면 오히려 그들이 자신에게 다가와서 궁금한 것을 묻고 관심을 보이기도 한다.

　이 정도만으로도 우리가 무리에 속하지 않아 신경 쓰게 되는 부담은 훨씬 덜게 될 것이다. 그리고 우리가 잊지 말아야 하는 중요한 것은 바로 어릴 때부터 주위 사람들의 욕구에 따라가는 삶을 사는 것을 경계하는 것이다. 이렇게 되면 후에도 자신의 인생을 개척해 나갈 힘이 생기지 않는 문제를 맞게 될 것이라는 점이다. 잊지 말자. 무리를 쫓는 사람은 매력 없다는 사실을 말이다. 비범한 인생을 살아가는 데에 필요한 책 얘기를 조금 더 해 보고자 한다. 일본인 작가인 후지와라 가즈히로의 책에 아주 흥미로운 글이 실려 있다. 이 글을 읽고 나면 비범한 삶을 살아가는 데 도움이 되는 독서의 힘을 다시 확인하게 될 것이라 믿는다. 일본이란 나라는 참으로 많은 독서의 고수들이 있고, 다양한 독서의 견해를 맛깔나게 버무려 대는 재미난 나라이다. 지금 소개할 이야기 또한 그 연장선상에서 보아도 좋으리라. 바로 '독서와 왕따'의 관계를 설명하고 있다. 독서를 하면 왕따를 당하기도 하는 것은 사실이다. 그러나 여기서 말하고자 하는 것은 왕따를 이겨내는 힘이 바로 독서에 있다고 말을 하는 것이다. 한 아이가 왕따를 당하다 견디지 못하고 자살한 사건이 발생했다고 한다. 책의 저자가 한 방송에 출연하여 따돌림에 대처하는 방법을 질문받았다는데 다들 특별한 대처법이 없었다. 그때 한 참석자가 이런 말을 했다고 한다. "나라면 독서를 권장하겠습니다." 이 말은 피해 아이가 따돌림을 주도하는 아이와 같은 판에서 싸워 봐야 이길 수 없다는 뜻이다. 그렇다면 따돌림을 주도하는 아이가 올라설 수 없는 단계로 높이 올라설 필요가 있다. 그러기 위해서 책을 읽으면 어떻겠느냐는 말이다. 실로 그러하다. 왕따를 당하는 학생에게는 선택권이 없다. 현실적으로 끊임없이 공격당하고 있으니 말이다. 그렇다면 위의 말처럼 따돌림을 주도하는 아이가 올라설 수 없는 단계로 높이 올라설 필요가 있다. 일명 '자신만의 정신 승리법'이라고 불러도 좋으리라. 그러기 위해서 책을 읽으면 어떻겠느냐는 제안이다. 책이 너무 재미있어서 책의 세계에 푹 빠져들어 따돌림을 당하는 현실도 잊어버렸을 정도라고 하니 실로 귀담을 조언이 아닐까 한다. 그렇게 좋은 책을 읽고 자신의 세계관을 넓혀 따돌림을 하는 아이와는 다른 단계의 세상을 가지는 것도 그 시기를 견뎌내는 데 큰 도움이 될지도 모른다.

성장한 사람과 성공한 사람들은 늘 책과 가까워지는 연습을 하라고 한다. 독서는 누구와 함께하는 것이 아닌 홀로 할 수밖에 없는 완벽한 개인적 성장과 발전의 행위이다. 그 세계 속에서는 온전히 나 혼자이다. 그래서 외로움과 고독을 이겨내고 성장하기 위해서는 독서가 필수다. 그리고 책의 또 다른 역할은 지금까지와는 다른 자신을 발견하는 거울과 같다는 것이다. 인간의 그릇은 경험치의 크기에 의해서 결정되고 그로 인해 삶의 그릇이 만들어진다. 그리고 그 경험에는 '직접 경험'과 '간접 경험'이 있다.

독서는 '직접 경험'에 견준다면 매우 훌륭한 삶의 자산이 되는 '간접 경험'이다. 비범한 인생을 위한 절대 기준을 발견하는 것은 바로 자신의 존재 찾기로부터 시작한다. 그를 위해서는 고독과 정면으로 마주할 필요가 있고 인터넷과 텔레비전, 스마트폰에서 벗어나 혼자 즐길 시간이 필요하다. 현대인들은 단언컨대 혼자 있는 시간조차 결코 혼자라고 할 수 없다. 손에는 늘 스마트폰이 들려 있어서 상시 접속 상태를 유지하고 있고 SNS로 타인의 일상을 들여다보고, 끊임없이 남들의 생각을 읽는다. 그러면서 자신의 일상을 타인과 비교하며 산다. 심각한 것은 고요한 상태 자체를 견디지 못하는 나머지 일부러 소음을 틀어놓는 사람도 많다는 사실이다. 이러한 일상에서 우리는 과연 자신과 마주할 시간이 얼마나 있을까? 비범한 삶을 살고 싶다면 '혼자'를 선택하는 편이 더 낫다. 그 여정에 책과 함께라면 더욱더 좋으리라.

#. '산 중턱의 돼지가 되느니, 정상을 향하는 굶주린 이리가 되겠다.' 우리는 울타리 안에 갇혀서 살아간다. 야생의 본능을 우린 모두 가지고 살아가지만 현대 사회에서는 그 야성을 거세할 것을 지시한다. 생텍쥐페리의 『인간의 대지』에는 야생오리의 이야기가 나온다. 야생오리들이 계절이 바뀌어 무리 지어서 날아가면 집오리들이 그 모습을 본다. 그때, 자신 안에 숨겨진 '야성을 부름'을 받고서 잠시 잠깐이지만 자신도 모르게 집을 뛰쳐나가서 야생오리를 향해 날아간다. 그리고는 곧 집으로 돌아간다. 정체성의 혼란을 겪기 때문이다. 집으로 돌아가야 먹이도 먹고, 지금까지 살아온 저 공간으로 돌아가야 할 것만 같은 불안이 엄습한 것이 아닐까? 이처럼 모든 동물에게는 야성이 존재한다. 그리고 우리는 그 야성을 무리에서 벗어나 단독자의 삶을 살면서 담금질해야 한다.

『유배지에서 보낸 편지』: 고독한 힘의 재발견

혼자 있는 시간의 힘

조선의 대표적 실학자인 다산 정약용은 그 시대의 '엄친아'였다. 가문으로 보나 개인으로 보나, 그는 엄청난 인물이었다. 정약용의 집안은 양반 중에서도 양반이었다. 그는 스물두 살에 소과(小科) 시험인 생원시에 합격, 스물여덟에는 대과인 문과에 급제했다. 급기야 정조 임금의 신임까지 얻었으니, 그의 앞날은 탄탄대로 그 자체였다. 그런데 정조의 갑작스러운 죽음으로 정약용의 인생에 풍파가 닥치기 시작했다. 정조가 죽고 순조 1년 2월 8일(1801년 3월 21일). 이날 새벽, 정약용은 자택에서 의금부 관리들에게 체포되었다. 죄목은 '서학쟁이', 천주교 신자라는 이유였다. 이 시기에 정약용뿐만 아니라 그의 가문 전체가 사실상 '멸문지화'를 당했다. 이렇게 시작된 정약용의 수난은 무려 18년간이나 계속됐다. 이후에 그는 경상도 장기현(포항시)과 전남 강진에서 유배 생활했다. 그렇게 새장에 갇힌

새가 되어, 무려 18년을 견뎌야 했다. 그러나 그는 그 시기를 손 놓고, 넋 놓고 있지 않았다. 정약용은 그만의 위대한 승리를 위한 대처법을 취했다. 정조의 죽음과 함께 맞이한 패배를 만회하고 내일의 승리를 기약하고자, 그는 유배지에서 18년간 그렇게 위대한 고독의 날갯짓을 시작했다.

정약용의 고난 속에서의 고독의 '날갯짓', 위대한 승리를 향한 정약용의 날갯짓 중에서 하나는 자녀교육에 대한 열정이었다. 가문이 멸문지화를 당하자, 그의 자녀들은 학문으로부터 멀어졌다. 어차피 출셋길이 막힌 현실이다. 정약용은 그런 자녀들이 공부를 포기하지 않기를 간절히 바랐다. 끊임없이 편지를 보내 공부를 독려한 것도 그래서였다. 문집인 『여유당전서』에 수록된 '두 아들에게'란 서신에서 그는 이렇게 말했다. "이제야말로 공부할 때가 되었다. 가문이 망했으니, 오히려 더 좋은 처지가 된 것이 아니냐?" 가문이 망했으니 오히려 출세에 구애받지 않고 진정한 학문을 할 수 있는 기회가 아니냐고 하는 것이었다. 어서 열심히 공부해서 가문을 일으켜 세우라고 하지 않고, 어려울수록 더욱 열심히 공부해서 인격적 완성을 이루라고 가르쳤으니, 실로 그의 마음의 깊이는 어디까지일까? 편지에서 인상적인 부분은 "학자에게는 가난이 축복이다.", "마음에 조금만 성의만 있으면, 난리 속에서도 반드시 진보할 수 있다." 등이었다. 유배 중인 사람이 도리어 가족을 격려하고 자녀교육에 온 힘을 다한 것이다.

18년간 유배 생활 중 500권 저술. 유배 기간 그의 위대한 날갯짓 중에서 가장 인상적인 것은 전투적 글쓰기였다. 유배 기간에 그가 남긴 저서는 약

500권이다. 저술 작업은 그 유배 기간 중 집중적으로 이루어진 것이다. 유배 중의 몸으로 아무리 시간이 많아도 500권의 책을 쓴다는 건 상상할 수도 없는 일이다. 그는 왜 그렇게 치열하게 글을 썼을까? 아들들에게 보낸 편지에서 그는 이렇게 말했다. "내 책이 후세에 전해지지 않으면, 후세 사람들은 사헌부(검찰청)의 보고서나 재판 서류를 근거로 나를 평가할 것이다."

지금 자신의 처지를 잊지 않고, 나은 세상을 만들기 위하여 글을 쓴다면, 후세에라도 자기를 올바로 평가해줄 것이라고 믿었다. 그렇지 않으면 후세 사람들은 역사의 잘못된 자료를 근거로 자기와 가문을 죄인 취급할 것이었다. 실로 수백 년 후의 평가까지 염두에 둔 헤아림이 아니던가? 정약용은 그렇게 자신과 가문에 대한 평가를 후세에라도 제대로 받기 위해서 그 힘든 유배 기간 중 복사뼈에 세 번이나 구멍이 뚫릴 정도로 치열하게 독서하고 글을 썼다. 그렇게 정약용은 사후에 진짜 승리자가 된다. 무엇보다도 정약용이 승리할 수 있게 만든 것은 바로 그가 남긴 글을 통해서였다. 그가 남긴 500권의 책은 한국 사회에 귀중한 유산이자 실학의 결정판이었다. 젊은 나이에 주군을 잃고 가문도 망한 정약용. 길고도 지루한 유배 생활 중에도 한 치의 흐트러짐도 없이 자신을 담금질하기 위한 노력을 늦추지 않았다. 그는 살아서 못다 한 일들을 죽어서 이루어낸 것이다.

정약용은 18년이란 유배지에서의 쓴 경험을 발판으로 후세에 길이 남는 인물이 된 것이었다. 만약 정조가 죽지 않았다면, 정약용이 죽을 때까지

권력의 정점에 서 있었다면, 그에 대한 역사의 평가는 지금과는 또 사뭇 달랐을 것이다. 확신할 수 있는 것은 500권의 저서는 결코 쓰이지 못했을 것이란 사실이다. 유배 기간에 그는 그러한 불굴의 담금질을 선택한 것이었다. 그는 그렇게 운명이 그를 쓰러뜨리면 쓰러진 채로 제2의 인생을 개척했고, 불굴의 날갯짓을 했다. 그렇게 정약용이 역사의 승자가 되는 데는 그 고독의 시간이 중요한 불쏘시개 역할을 한 것이다.

고독해야 위대한 일을 해낸다. 여기 고독의 밑바닥까지 추락한 후 역사에 길이 남는 인물이 된 이가 있다. 중국의 역사서『사기』를 지은 사마천이 바로 그 주인공이다. 그는 자신의 큰 목표를 이루기 위해 헤아릴 수 없을 만큼의 숱한 담금질의 시간을 견뎌온 사람이다. 당신은 아는가? 그에게는 수염이 없다는 사실을. 이는 사마천이 남성의 상징을 거세당했기 때문이다. 당신은 아는가? 그가 얼마나 수많은 밤을 눈물로써 그 치욕의 시간을 견뎌왔음을. 그는 궁형이라는 죽음보다 치욕적인 징벌을 감수하면서 자신에게 주어진 과업을 향해 묵묵히 나아갔다. 사마천은 왜 이런 치욕적인 징벌을 받게 되었으며 무엇 때문에 악착같이 살아남으려 한 것일까? 그것은 바로 중국 역사를 통틀어 가장 뛰어난 역사책을 남기기 위해서였다. 사마천의 운명이 바뀐 그날, 무슨 일이 있었던 것일까?

중국 무제 때 이릉이라는 장수가 흉노를 정벌하러 5,000명의 군사를 이끌고 나가서 열흘 동안 싸웠는데 힘에 부쳐서 대패하고 말았다. 그런데 그

전투에서 패해 전사한 줄로만 알았던 이릉이 흉노족에게 투항하여 공주와 결혼까지 했다는 소식이 들려왔다. 이에 격노한 무제가 당장 한나라에 남아 있는 그의 일족을 참하라고 명했는데, 이때 사마천이 홀로 나서서 반대했다. "소수의 군사로 수만의 오랑캐와 싸우다 투항한 것은 훗날 기회를 노려서 반드시 황은에 보답하기 위해서일 것입니다. 그러니 조금 사정을 알아보고 처형해도 늦지 않습니다." 이 말에 더욱 격노한 무제는 사마천을 옥에 가두었다. 황제의 노여움을 산 사마천에게 남겨진 길은 두 가지뿐이었다. 10만 전을 내서 풀려나거나 궁형을 당하는 것이었다. 10만 전이란 거금은 당시의 부자들에게도 크나큰 액수였는데 사마천에게 그런 돈이 있을 리가 만무했다. 다른 하나인 궁형은 그 시대에 남자가 당할 수 있는 형벌 중에서 가장 치욕적인 징벌이었다. 그러나 사마천은 궁형을 택하여 삶을 연명하기로 한다. 그 당시의 대다수 남자라면 궁형을 택하는 치욕스러움보다 깨끗하게 죽기를 바라고 자결을 선택했다.

어디 사마천에게도 그 같은 치욕스러움이 없었겠는가? 후에 사마천은 친구에게 이렇게 편지를 써 보냈다. "내가 스스로 목숨을 끊는 것은 아홉 마리 소의 몸에서 떨어져 나온 터럭 하나쯤 없어지는 것과 다르지 않을 테니, 나 같은 사람은 땅강아지 같은 미물과 무엇이 다르겠는가? 그런데도 내가 죽지 않고 살아남으면 세상은 나를 졸장부라고 비웃겠지." 이 글에서도 사마천이 당시 겪었을 고독과 아픔이 배어 있다. 세상 밖으로 내팽개쳐진 절망감, 그리고 누구도 구원의 손길을 뻗어주지 않는 가혹한 고난 속에서 그는 졸장부라는 치욕스러운 소리를 들으면서도 죽지 않고 삶을 이어 나갔다. 그에게는 아직 할 일이 남아 있었기 때문이다. 그렇게 사마천은 혹독한 형벌인 생식기를 제거당했고, 자신을 그렇게 만든 황제 밑에서 환관으로 일하게 되었다. 이때의 사마천은 밤마다 분노와 치욕스러움에 온몸에서 한기와 식은땀이 솟구치지 않은 날이 없었다고 한다. 사마천은 그렇게 아홉 마리 소의 몸에서 떨어져 나온 터럭 하나쯤의 신세로 전락한 뒤 모든 치욕을 참아가며 끝내 중국 역사에 빛나는 불후의 명저인 『사기』를 완성했다. 그 위대한 결과물은 과연 어디에서부터 태어난 것일까? 의심의 여지 없이 사마천이 고독의 밑바닥까지 처절하게 추락했기에 가능했던 일이다. 어떤 이들은 시련이 닥치고 더 이상 살 구멍이 안 보이면 스스로 목숨을 끊고 만다. 그러나 어떤 이들은 그런데도 다시 한번 생의 귀함과 목숨의 질김을 시험대 위에 올려놓고자 한다. 전자는 바로 하늘을 우러러보며 "하늘이 여기서 나 '항우'를 파탄 내려고 이리도 매몰차게 대하는구나."라면서 자기 죽음을 하늘의 탓으로 돌리면서 목숨을 내버린 '항우'와 같다. 후자는 주어진 대업을 완성하기 위해서 당시의 치욕스러움을 갈아 마시면서 살아간 『사기』의 주인공인 사마천이 아니겠는가?

정약용은 자신과 가문에 대한 진짜 평가를 후세에 제대로 받기 위해서 그 힘든 유배 기간 중의 고독 속에서도 공부에 대한 열정을 불살라 치열하게 글을 썼다. 사마천 또한 그 지독한 고독의 시간을 묵묵히 견디면서 뛰어난 '역사서'를 정리해냈다. 이처럼 가장 위험하고 고독할 때 가장 위대한 일을 해낸 정약용과 사마천의 이야기를 통해 고난과 고독의 시간을 돌아본다. 이 시간은 결코 우리를 해하려는 일방적인 하늘의 뜻만은 아님을 깨달아야 한다. 이러한 과거의 거울을 통해서 우리의 앞날을 살아가는 데 고난과 고독의 역할에 대해서 다시금 확인하게 된다. 넬슨 만델라 대통령은 그 긴 수감 생활 동안 어떤 마음가짐으로 버틸 수 있었는지 묻는 기자에게 이렇게 말했다고 한다. "나는 다만, 준비하고 있었을 뿐이다." 누군가에게는 죽을 날만 기다리는 시간이지만 누군가에게는 자신의 담금질을 유지하는 길인 것이다. 역사에 이름을 남긴 이들 중에서 누구 하나 고독하지 않은 이가 없었다. 우리의 삶에서도 누구 하나 고독하지 않은 이가 없다. 어쩌면 지금 우리가 고독 속에서 허우적거리고 있다면 그것은 삶이 나를 파탄 내려고 매몰차게 하려고 하는 것이 아니다. 삶의 또 다른 면을 알게 해주려고 하는 좋은 기회일지도 모른다. 그 시간 속에 자신을 돌아보고 앞으로의 여정에 등불로 삼음이 보다 현명할 것이다. 지금까지 살아오면서 혼자만의 시간을 얼마나 가져왔고 고독한 시간을 얼마나 맛보아 왔는지를 돌아볼 시간이다.

　기꺼이 고독의 시간을 선택하자. 그 속에 우리의 삶을 살게 해주는 생명력이 들어 있을 터이니 말이다. 빌 게이츠, 워런 버핏, 오바마, 손정의. 이들 세계 최고 리더들에게는 공통점이 있다. 무엇일까? 바로 아무에게도 방해받지 않는 '생각의 시간(thinking time)'을 마련해놓고 있다는 것이다. 빌 게이츠는 1년에 두 차례 '생각 주간(think week)'을 만듦으로써 글로벌 기업의 초석을 일구어냈고, 워런 버핏은 자기 성공비결을 "1년에 50주 생각하고, 2주 일한다."라고 말한 바 있다. 소프트뱅크의 손정의 회장은 아무리 바빠도 하루에 10분씩은 반드시 몰입할 시간을 보내며 오바마 대통령은 중요한 의사결정 전에 생각을 정리하는 것으로 알려져 있다. 구글을 비롯한 글로벌 기업들은 직원들에게 자유롭게 상상할 수 있는 시간을 제공함으로써 창조적 성과를 극대화하고 있다. 이처럼 생각할 수 있는 환경과 기회를 만든다는 것은 자신을 성찰하게 하는 아주 중요한 순간이다. 그래서 지금의 우리에게 더없이 필요한 것이 '고독의 방'으로 스스로 들어가는 시간이다. 온종일 바쁘게 일만 하는 사람은 절대 성장하고 성공을 할 수 없다. 위대한 성공을 거머쥔 리더와 기업들은 모두 사색하고 통찰하는 시간을 전략적으로 구축하고 있다. 그리고 이를 통해 더 높은 성과에 다다를 수 있는 기회를 얻는다. 일과 삶에서 탁월한 성공을 원한다면, 무엇보다 혼자서 생각에 몰입할 시간을 확보해야 한다. 지금 당장 그 혼자서 생각하는 몰입의 시간 즉, 고독의 시간을 만드는 사람은 머지않은 미래에 일과 세상으로부터 고립되지 않고 자신의 길을 당당하게 걸어가게 될 것이다. 세계적인 석학과 예술가, 그리고 기업의 리더들은 자신만의 '생각의 방'을 가지고 있다. 그리고 그들은 그 속에서 오롯이 홀로 생각에 집중할 수 있는 시간을 적극적으로 활용한다. 이 속에서 사람들에게 감동을 주는 작품을 만들고, 인류 발전에 이바지할 수 있는 생각과 아이디어도 만들어지는 것이 아닐까?

생각을 한다는 것은 인간에게 주어진 여러 뛰어난 재능과 창조적인 가치를 발견하는 기회를 마련한다는 말이다. 이제는 생산량의 결과로 성공이 결정되던 시대는 지났다. 누구보다 탁월한 성공을 거두고 싶다면 양적인 결과물이 아닌 질적 결과물이 필요하다. 이러한 가치 있는 결과를 창출해낼 수 있는 가장 빠른 방법이 바로 '생각의 훈련' 즉, 혼자만의 고독한 시간을 갖는 것이다. 진짜 자신만의 고독한 몰입의 깊이는 의도적으로 구축된 시간 속에서만 이루어진다. 만약 우리가 빌 게이츠처럼 생각 주간이란 것을 갖기 어렵다면? 손정의처럼 하루 10분 만이라도 자기 생각에 집중해서 가 닿을 수 있는 시간을 확보해야 한다. 그래야만 이 '속도 경쟁'이라는 '집착'에서 벗어나 창조의 '깊이'를 제대로 만날 수 있다. 평생을 바쁜 일과 속도 속에서 허우적거려 봤자, 일도 삶도 제대로 균형을 잡을 수 없다. 이렇게 바쁠수록 더욱 혼자만의 고독 속으로 몰두하고 들어가야 한다. 당장 눈앞의 결과가 아닌 전체적인 인생과 일의 흐름을 통찰할 수 있는 시간을 얻으려면 더욱 혼자만의 고독을 찾아야 한다. 우리에겐 이제 고독의 시간은 선택이 아니라 필수다. 물론 중요하고 어려운 문제들을 가능하면 미루어두고 싶은 게 인간의 마음이라 깊이 심사숙고하여 정면으로 마주하여 앉는다는 것은 힘든 일이다. 그러나 지금 상태에서는 그렇게 고독 속 깊이 들어가면 갈수록 더욱 고통은 가중될 것이다. 이런 이유로 홀로 고독할 수 있는 시간에서 도피하기만 해봤자 미래는 '고독 속에서 생각하는 사람들이 만들어낸 룰(rule)'에 지배당하게 될 뿐이다.

많은 CEO가 시간이 날 때마다 홀로 산을 찾는다. 그 이유를 아는가? 어쩌면 그들은 혼자만이 갖는 그 고독 속의 힘의 실체를 알고 있기 때문이 아닐까? 여기 삶에서 진정 중요한 것을 발견하기 위해 숲으로 들어갔던 한 남자가 있다. 그는 『월든』의 저자 헨리 데이비드 소로우이다. 그는 자기 삶에서 보이는 가짜는 모두 버리고 진짜만을 찾기 위해 삶의 의미를 잃어버린 번잡한 도시를 벗어나 '숲'이라는 고독의 공간을 향해 들어간 것이다. 그곳에서 소로우는 자연이 매일같이 노래해주는 연주 소리를 들으면서 행복하게 고독의 진수를 맛볼 수가 있었다. 우리의 현대 사회에서는 어떤가? 그나마 우리 주변의 자연이 베풀어 주는 이 아름다운 소리와 광경에 우리는 잠시도 여유를 내어 바라보고 들으려고도 하지 않고 있다. 바쁘기 때문이다. 더 심각한 것은 바로 이유도 모른 채 바쁘다는 것이다. 만약 유명한 바이올리니스트가 얼굴을 가리고 바이올린을 들고 지하철역에서 공연한다면 무슨 일이 벌어질까? 통제 불가능할 만큼 사람들이 몰릴까? 아니면 너무 바빠 알아차리지도 못할까?

이 의문을 실행에 옮긴 실험이 있었다. 그래미상을 받은 세계적인 바이

올리니스트 조슈아 벨은 그렇게 얼굴을 가리고 너무도 바쁜 사람들 속의 지하철에서 연주를 시작했다. 그러나 그 결과는 참담했다. 벨이 연주하는 45분 동안 단 7명의 사람만이 가던 길을 멈추고 1분 동안 연주를 들었으며, 그곳을 지나쳐갔던 나머지 1,070명에게 연주 따위는 안중에도 없었다. 이 실험을 끝낸 뒤 그들은 다음과 같은 질문을 우리에게 던진다. "이 세상에서 가장 뛰어난 음악가 중의 한 사람이 역사상 가장 멋진 곡을 연주하는 소리도 인식하지 못하는 삶이 과연 얼마나 가치가 있는가?" 만약, 숲에서 살다 온 소로우였다면 연주가 시작되고 끝나는 그 순간까지 자리를 지키고 멋진 미소와 답례의 박수까지 멋지게 보냈을 것이다. 그는 매일 대자연의 연주를 듣는 '여유와 낭만'을 월든 숲에서 누리고 있었기 때문일 것이다. 그렇게 소로우는 풍요 속의 빈곤 속에서 고립되지 않기 위해서 자신의 인생을 찾았다. 진정한 자신을 만나기 위해 월든 숲속으로 들어갔고 거기서 고독을 만나기로 선택한 것이다.

만약 우리가 인생에서 진짜 중요한 것을 찾고 싶다면 제일 먼저 해야 할 일은 주머니 속에서 쉴 새 없이 울리는 핸드폰의 알림 소리부터 제거해야 할 것이다. 이메일이 수십 통씩 쌓여 가는 편지함은 아랑곳하지 말아야 하고 트위터와 페이스북 등의 SNS를 멈추고, 세상과의 '항시 접속'이라는 상태에서 벗어나야 할 것이다. 우리는 온전히 침묵과 고독 속에 있을 때만 생각의 잔가지를 쳐내고 비워낼 수 있다. 혹은 낯선 공간으로 떠나는 것도 훌륭한 방법이다. 등산이나 여행, 아니면 동네 작은 도서관의 한 구석도 좋다. 그렇게 조용히 앉아 자기 내면을 들여다볼 수 있는 장소가 필요하다. 그 안에서 홀로 생각할 수 있는 고독의 시간을 가질 때 인생은 이제까지 숨겨놓았던 보물을 보여줄지도 모를 일이다. 요즘 사람들은 '사색' 대신 '검색'에서 남의 생각을 엿보며 '좋아요'를 누르며 산다. 그러나 반대로 자기 생각을 바탕으로 결정한 삶만이 진정 몰두할 수 있는 삶을 살아가게 하는 것을 우린 잊고 있다.

그런 의미에서 SBS 스페셜 〈검색 말고 사색, 고독 연습〉 방송을 본 것은 필자에게는 소중한 깨달음의 선물이었다. 과연 우리는 24시간 '항시 접속'의 이 상태를 스트레스로 느끼고 있을까? 아니면 축제처럼 받아들이고 있을까? 이 프로는 4명의 청년이 세상과 단절된 채로 '3박 4일'간 고독의 방에서 지내는 것으로 시작한다. 무엇을 위해서 이들은 각자의 항시 접속 상태의 세상을 벗어나 강원도 두메산골의 그곳에 자진하여 홀로 갇히려고 하는 것일까? 이유는 단 하나이다. '고독을 연습하고, 자신을 만나기 위해서!'

"안 해요. 사색은." 생각을 얼마나 하고 사느냐는 제작진과의 인터뷰에서 네 청년은 각기 다른 이유지만 같은 대답을 한다. 그 이유는 바로 SNS를 하느라, 부정적인 감정에 빠지니까, 넘치는 약속에 시간이 없어서, 혹은 수능 준비하느라 사색과 자아 성찰은 시간 낭비였다는 것이었다. 그것은 이들에게 사치라는 다른 이름이었다.

무인도에 간다면 꼭 가져가고 싶은 것? "휴대폰이죠." "생각을 일부러라도 안 하고 별로 안 하는 것 같아요." "혼자 있으면 사람 미칠 것 같으니까." "자아 성찰? 그딴 거 묻고 있을 시간에 다른 애들 공부하고 있을 텐데." 실험을 시작하기 전 이들의 대답들이었다. "내가 누구인지 생각할 여유가 어디 있어요? 대학 못 가면 끝인데." 참가자 임현욱 군은 졸업을 앞둔 고3이다. 졸업 전까지는 수능 준비 때문에, 입시를 끝낸 후에는 해방감에 그는 아무 생각이 없었다.

또 다른 참가자 윤어진 씨는 SNS에 푹 빠져 살아왔다. 잘 때, 운전할 때를 제외하고는 언제나 스마트폰과 함께였다. 자연히 사색보다는 검색이 우선이었다. 카톡 친구 1,200명. 하루 평균 다섯 개의 일정을 소화한다는 박형순 씨는 무인도에 간다면 꼭 가져가고 싶은 것은 '사람'이라고 한다. 그에게 사람과의 약속과 그 바쁨은 무엇을 의미하는 것일까? 그에게 혼자 있는 시간은 남에게 뒤처지는 패배의 시간이다. 또 한 명의 참가자인 쇼핑몰을 운영하는 박소현 씨는 주변에 사람의 말소리가 들려야 마음이 놓인다고 한다. 혼자 사는 원룸에서도 끊임없이 드라마를 통해서 사람 말소리를 듣고 있다. 심지어 혼자 있는 시간을 견딜 수가 없어서 사람의 말소리를 들으려 주말엔 일부러 아르바이트하는 정도다. 실험에 참여한 이들의 공통점은 단 하나였다. 바로 그들의 삶에 '고독'이 없다는 것이었다. 타인과 함께하는 시간은 많지만 정작 자신을 위한 시간과 공간은 없었다. 이는 실로 우리 현대인들이 겪는 치명적인 약점이 아닐까? "생각하다 보면 불안해져서 혼자 있는 시간을 피하려 해요." 말소리를 들으려 주말엔 일부러 아르바이트하고 있다는 그녀와 같은 사람이 과연 우리 주변에는 얼마나 있을까? 무엇보다 필자를 놀라게 한 것은 실제로 이런 이들이 있다는 사실을 확인하게 된 것이었다.

무엇이 그녀와 우리를 혼자 있는 시간을 이리도 버거워하고 무거워하고 심지어 무서워 이토록 필사적으로 피하게 만드는 것일까? 이런 이들이 강원도 두메산골에서 그 어떠한 디지털 기기도 없이 3박 4일간 지내며 풀어야 할 숙제, 그것은 바로 이 하나의 질문이었다. "나는 누구인가?" 그렇게 네 명의 실험자들이 휴대폰도 노트북도 없는 각자의 고독의 방에서 미치도록 외로운 시간을 보내기 시작한다. 아침에 일어나서 잠자리에 들기까지 늘 함께하던 스마트폰이 없어졌을 때의 그 낭패감, 그 혼돈의 상태는 어땠을지 짐작이 가는가?

맞다. 그들도 처음에는 당황해했고 그 시간을 견뎌내기 힘들어했다. 이유는 하나다. 지금까지 단 한 번도 스마트폰의 전원이 꺼진 적도 없고, 단 한 번도 스마트폰이 내 손에 없었던 적이 없었기 때문이다. 그래서 그들의 그 금단현상이 그들을 견디기 힘들고 자신을 더욱 초라하게 만들지 않았을까? 그러나 변화에는 그리 긴 시간이 필요하지 않았다. 그렇게 지낸지 하루, 이틀이 지나자 그들은 조금씩 변해간다. 평생 하지 않을 것만 같던 생각이란 것을 하기 시작하고, 스스로 지금까지 던져보지 못하고 뒤에 쌓아두기만 했던 밀린 삶의 질문을 던지는 것이었다. '나'에 대한 본질적인 질문들과 대답을 찾는 것은 쉽지 않았지만, 생각이 생각의 꼬리를 물고 이어졌고, 조금씩 발전해 갔다. 그리고 그들 각자의 깊은 곳에 숨겨져 있던 과거의 아픔, 혹은 막연한 두려움에 정면으로 맞서기 시작한 것이다.

"작가는 페이스북보다 책이 더 재미있게 만들어야 해요. 저는 항상 제 독자들이 꽤 바쁜 사람이란 것을 알아요. 그래서 작품은 더 빠르게 진행되게 만들어야 해요. 우리가 사는 요즘 시대는 집중할 수 있는 기간이 매우 짧아요. 그것은 매우 위험하죠. 세상의 최고의 아이디어는 사람들이 혼자 있고, 그들을 방해할 수 있는 요소가 없을 때 나온다고 생각해요. 여러분, 생각해 보세요. 불안할 때 핸드폰과 컴퓨터를 찾고 불안감에서 도피하기 위해 온라인에 접속하죠. 그런데 불안이라는 문을 통과해야만 다른 문으로 갈 수 있어요. 만약 불안이라는 감정에 빠지지 못하면 좋은 창조적인 아이디어는 도출해내지 못해요."

— 알랭 드 보통의 강연 중에서

알랭드 보통의 말처럼 우리는 매우 위험한 상태에 처해 있다. 여기서 말하는 불안은 고독과 같은 말이다. 집중하고 생각하는 능력이 사라지고 있다는 것은 어떤 면에서는 재앙 같은 일이다. 무엇이 우리를 이렇게 궁지로 몰고 있는 것일까? 우리는 불안, 고독, 혼자 되는 시간을 좋지 않은 것으로 규정짓고 되도록 그러한 상황을 만들지 않으려고 애를 쓴다. '혼밥'은 좋지 않은 것이고, 잠시라도 혼자가 되고 심심한 상태가 되는 것은 피하고 싶은 상황이다. 그리고 우리는 이제 너무도 쉽게 손가락 하나만으로도 그러한 상황을 피할 수 있게 되었다. 바로 스마트폰이 있기 때문이다. 우리의 삶을 구원하는 슈퍼 아이디어는 우리가 혼자 있고, 우리를 방해할 수 있는 요소가 없을 때 나온다고 이 시대의 예술가들은 말한다. 지금의 우리는 어떤가? 잠시라도 불안하면 스마트폰과 컴퓨터를 찾아서 불안감을 빠르게 지워 버린다. 인간에게는 두 개의 인생의 문이 있다. 그리고 그 두 번째 인생의 문이 열리는 시점은 어쩌면 이 고독과 불안이라는 문을 통과해야만 열리는 것이 아닐까? 하고 세상에 질문을 던져본다.

#. 고독은 무기가 된다. 정약용, 사마천을 비롯한 많은 위인의 뒤에는 고독의 담금질이 있었다. 혼자 있어야 하는 시간에 혼자 있지 못하는 사람은 반드시 대가를 치르게 된다. 고독은 나쁜 것, 피해야 하는 것이란 생각을 가진다. 그러나 평생을 고독하게 살 수는 없다. 우리는 사회적 동물이다. 사람들과의 유대 속에서도 우리는 때때로 이 고독이라는 동굴에 드나들면서 우리를 유지하게 하는 힘과 여유를 갖춰야 한다. 실로 혼자 있는 시간의 힘과 위대함이 재조명되는 시기가 아닐 수 없다. 환영합니다. 고독의 공간으로.

5년간 오두막에서 몰입 독서를 한 캠벨 :
손에 책을 들게 하라

독서와 글쓰기라는 타이탄의 도구

　책을 읽지 않는 나라는 희망이 없다고 생각한다. 한국은 어딜 가더라도 책을 펴든 사람은 없고, 머리 숙인 채 스마트폰에 열중하는 사람만 가득하다. 저마다 스마트폰으로 채팅이나 게임을 하거나 연예 스포츠 기사를 보는 것이 전부지만, 저마다 진지하기 짝이 없다. 이제는 지하철 버스에서 책이나 신문을 보는 사람을 보기 어려워졌다. '책은 마음의 양식이자 지식의 보고'라는 말은 옛 노래 가사처럼 느껴지는 시대다. 책을 피하는 우리의 참담한 현실이다. 문화체육관광부의 '국민 독서 실태 조사'에 따르면 2015년 전국 성인 65.3%가 1년 동안 1권 이상의 책을 읽었고, 평균 9.1권의 책을 읽었다고 한다. 성인들의 독서량은 2010년 이후 매년 감소해 전 세계 192개국 중 166위 수준으로 아프리카 국가보다 못하다. 흔히 '문화 강국'이나 '노벨상'을 언급하지만, 책을 읽지 않는 나라에서 이를 기대하는 것은 말이 안 된다고 생각한다. 독서량은 문화 수준의 척도를 나타낸다는 점에서 국가의 미래가 걱정스럽기 짝이 없다. 책 읽기는 일종의 습관이다. 그 습관을 어릴 때부터 길러줘야 생각하는 힘이 세진다. 자녀에게 책 읽는 습관을 갖게 하는 것은 부모의 의무라고 할 수 있다. 그런데 아이들에게 독서의 습관을 길러줘야 할 부모들부터 스마트폰 삼매경에 빠져 있는 이 현실 앞에서 과연 아이들은 그 부모의 뒷모습을 보고서 무엇을 배우게 될까? 뉴욕의 중산층 가정 출신의 한 소년이 있었다. 그는 일곱 살 때 쇼에서 인디언을 보고 깊은 인상을 받은 후 도서관의 아메리카 원주민에 관한 책을 모두 읽고, 인디언 관련 서적까지 섭렵했다. 그러다 열다섯 살 때 집에 불이 나 전 재산을 잃었다. 교수가 되기 위해 대학에서 공부하다가 내면의 소리를 듣고서 박사학위를 포기하고 귀국했다. 그는 박사논문을 접고 오두막으로 들어갔다. 그곳에서 5년 동안 독서로 시간을 보냈다. 그리하여 그는 박사학위를 얻지 못했지만, 덕분에 아무것도 없는 상태에서 살아가는 방법을 배웠다. 자유로웠고, 아무런 책임질 일도 없었다. 그야말로 경이로웠다.

이 시기의 방대한 독서를 바탕으로 15년 후 그는 다양한 영웅들이 가진 인간 정신의 원형을 집대성한 『천의 얼굴을 가진 영웅』을 썼다. 수많은 상을 받은 이 책은 신화와 심리학을 연결한 기념비적인 저서가 되었다. 세상이 뭐라고 하든, 자기 내면의 목소리가 하라는 대로 따르라고 캠벨은 말한다. 인생의 지도는 마음속에 있으니 행복하겠다 싶으면 그 길로 나아가라고. 머리는 가슴의 언어를 이해하지 못한다. 가슴의 소리를 외면하고 남이 하는 대로, 남이 시키는 대로 살아가는 삶은 캠벨의 말대로 황무지이다. 캠벨은 독서로 우리가 얻을 수 있는 것을 이렇게 말한다. "방법을 가르쳐 드리지요. 아주 멋진 방법이랍니다. 방에 앉아서 읽는 겁니다. 읽고 또 읽는 겁니다. 제대로 된 사람이 쓴 제대로 된 책을 읽어야 합니다. 읽는 행위를 통해서 마음이 일정한 수준에 이르면 천천히, 그러나 확실하게 마음이 즐거워지기 시작합니다. 삶에 대한 이러한 깨달음은 우리 삶에서 항상 다른 깨달음을 유발합니다. 마음에 드는 작가가 있으면 그 사람을 붙잡고, 그 사람이 쓴 것은 모조리 읽습니다. 이러저러한 게 궁금하다, 이러저러한 책을 읽고 싶다. 이런 생각을 해서는 안 됩니다. 베스트셀러를 기웃거려도 안 됩니다. 붙잡은 작가, 그 작가만 물고 늘어지는 겁니다. 그 사람이 쓴 것은 모조리 읽는 겁니다. 그런 다음에는, 그 작가가 읽은 것을 모조리 읽습니다. 이렇게 읽으면 우리는 일정한 관점을 획득하게 되고 우리가 획득하게 된 관점에 따라 세상이 열리게 됩니다."

"정말 책을 읽으면 돈이 되나요?" 내 시간을 팔아서 돈을 벌어야 한다는 건 서글픈 일이지만 대부분 그렇게 살아간다. 왜? 그렇게 살라고 배워왔고, 다들 그렇게 살아왔고, 앞으로도 그렇게 살아가야 하기 때문이다. 그런데도 주변을 보면 언론을 통해서도 보란 듯이 자기 스스로가 브랜드가 되어 지적자산을 뽐낸다. 매일매일 나은 삶을 향해 나아가는 사람은 있다.

그들은 지적이고 성찰력, 통찰력, 직관력, 소통력과 표현력 그리고 공감력까지 갖추고 있다. 그들은 어떻게 그런 사람이 되었을까? 셋 중의 하나이리라. 책을 통해 그만큼 성장했거나, 사람을 통해 그만큼 배웠거나, 경험을 통해서이거나. 책, 그중에서도 균형 독서에 대해 생각을 안 해 볼 수가 없다. 어떻게 책을 활용해서 원하는 것을 얻는 삶을 살 수가 있을까? 영화 〈인타임〉처럼 자신의 시간을 팔아서 살아야 하는 사람들. 또 일을 통해서 시간을 충당하지 못하면 시간의 줄어듦과 함께 죽고 말리라. 우리는 그렇게 살아선 안 된다. 왜? 나 자신을 위해서이기도 하지만 내가 사랑하고 지켜주어야만 하는 사람들을 위해서라도. 여기 세 명의 이야기가 있다. 그리고 이들에겐 하나의 공통점이 있다.

(1) **제갈공명** 유비가 제갈량을 세 번 찾아간다는 삼고초려. 그런데 유비는 어찌 제갈량 같은 검증도 되지 않은 초야에 묻혀 사는 백면서생에게 세 번씩이나 고개를 숙이며 한나라의 군주 된 자가 자신을 그리도 낮출 수가 있었을까? 그리고 제갈량은 어찌 등용되자마자 천하를 호령하는 무서운 존재로 각인된 것일까? 그는 초야에 묻혀 자신의 목숨을 내맡길 영웅을 기다렸다. 제갈량은 그 기간 독서를 통해 우주와 세상의 모든 이치를 꿰뚫기 시작한다. 그런 제갈량을 알아본 유비 역시 비범한 인물이다. 제갈량은 독서로 입신양명은 물론 국가의 한 시대까지 좌지우지하는 인물이 되었다. 제갈량 평전에는 제갈량이 독서에 대해 언급한 내용

이 보인다. 인간의 삶은 유한하고, 책은 무한하다. 되도록 빨리 많은 책을 보라.

(2) **허생** 매일같이 책만 읽고 지내는 허생. 그런 남편을 돈을 벌어오라고 극성인 아내. 허생은 못 이긴 척 책을 덮고 집을 나선다. 한양에서 제일 부자에게 찾아가서는 대뜸 만 냥을 빌려달라고 한다. 아무 조건 없이 순순히 내어 준다. 그리고 허생은 그 돈으로 여러 장사를 하여 삽시간에 큰돈을 벌게 된다. 실상 늘 하는 일이라곤 방구석에 앉아서 글만 읽은 허생이었지만 그 역시 위로는 천문, 아래로는 인간사에 대한 무서운 통찰을 갖춘 인물이거늘, 그간의 공부로 부자가 되는 것쯤은 손바닥 뒤집기만큼 쉬웠으리라.

(3) **장량** 초나라 유방을 도와 천하를 손아귀에 넣은 중국 최고의 군사. 장량이 재야에 몸을 숨기던 시절. 어느 날 한 노인이 다리 밑으로 신발을 내던지고는 다짜고짜 장량에게 가져오라고 한다. 한 대 때려주고 싶은 마음을 억누르고 애써 태연히 신발을 주워주니 발에 신기라고 한다. 어지간한 사람 같으면 의도적인 골탕 먹임이라 여겨 한 방 먹였겠지만, 장량은 그릇이 달랐다. 그제야 노인의 얼굴을 한번 들여다본 후 신을 신겨준다. 그제야 노인은 "이놈, 가르칠 만한 놈이구나." 하며 닷새 후 다리에서 다시 몇 번의 테스트(?)를 거치곤 책 한 권을 건네준다. 그렇게 장량은 강태공에게 '태공병법'이란 병법서를 얻어 읽고는 천하를 꿰뚫어 보는 사람이 된다. 장량은 세상에 나가서 유방의 군사가 되기까지 철저

하게 태공병법을 읽고, 읽고 또 익히며 인고의 시간을 보내게 된다.

세 사람은 책을 통해 세상에 자신을 포효하고 증명하는 존재가 되었다. 이들에게 한낱 부자가 되는 일이 어디 일이겠는가? 세계적인 주식투자가인 워런 버핏에게 누군가 메일로 물었다 "당신처럼 부자가 되고 싶으면 무엇을 하면 되는가?" 버핏은 답장을 보냈다 "Read, read, read." 계속 읽으란 뜻이었다. 버핏의 어록 중에 "남들보다 빠르게 부자가 되려면 남들이 읽는 책보다 3배는 더 읽어야 할 것이다."라는 것이 있다. 미국인들의 일년 평균 독서량이 40~50권가량이라고 한다. 버핏의 충고대로라면 150권 이상은 읽어야 한다. 도대체 읽는 것은 무슨 마법인 걸까? 빌 게이츠 역시 'Think week'을 만들고는 아무에게도 알려지지 않은 외딴 별장에서 직원들이 보내는 자료와 메일만 읽고 또 읽으며 미래사업구상을 한다고 한다. 읽어야 이기는 세상임이 틀림없다. 그러나 평범한 사람들은 이기고 싶은 마음이 없다. 결단코 없다~! TV 컴퓨터게임, 스마트폰에 빠져 사니 말이다. 비범한 사람들은 그렇게 하지 않는다. 늘 세상을 이끄는 리더들의 생각과 움직임에 시선을 던진다. 승리자와 패배자는 Read에서 판가름 난다. 이것이 우리가 독서 그중에서도 균형 독서를 꾸준히 해야 하는 이유이다. 왜? 소중한 꿈과 소중한 사람을 지키기 위해서. 김형석 교수는 자신의 저서 『백 년을 살아보니』에서 독서에 대한 애정을 다음과 같이 표현하고 있다. 이 말을 대한민국 사람들은 뼈저리게 느껴야 하지 않을까? "왜 영국, 프랑스, 독일, 미국, 일본이 선진국가가 되고 세계를 영도해가고 있는가? 그 나라의 국민 80% 이상은 100년 이상에 걸쳐 독서를 한 나라들이다." 대한민국의 대표적인 다독가이자 작가인 안상헌도 독서에 대한 예찬론을 다음과 같이 펼치고 있다. "우리가 책을 읽어야 하는 이유는 많다. (중략) 지식과 지혜를 얻고, 깨달음의 즐거움을 얻고, 자신을 발견할 수 있으며 삶의 문제들을 해결할 수 있는 실마리를 얻을 수 있다."(『안상헌의 책을 읽어야 하는 이유』) 리더는 읽는 사람이다. 내로라하는 중국 대기업 CEO들은 어떨까? 마윈, 레이쥔 등 중국 거물급 CEO들은 바쁜 생활 속에서도 하나같이 독서를 게을리하지 않는 책벌레로 유명하다.

마윈 무협지 매니아 마윈 알리바바 회장은 무협 소설가 진융(金庸 김용)의 팬임을 자처하고 있다. 그는 한 TV 프로그램에서는 "나는 책을 잘 읽지 않는다. 유일하게 끝까지 읽고, 또 여러 번 읽고 있는 책은 진융 소설이다. 나는 그의 무협지를 통해 상상력을 얻는다."라고 밝혔다. 마윈은 독서에 대한 본인의 의견도 함께 밝혔다. 그는 "사람은 반드시 책을 읽어야 한다. 하지만 책을 많이 읽는다고 지식이 많고 문화 수준이 있다는 것은 아니다."라고 말했다. 사실 마윈은 『영웅문』, 『의천도룡기』 등 무협지 외에도 공자의 『논어』, 노자의 『도덕경』 등을 즐겨 읽는 것으로 유명하다. 그는 또한 언론 인터뷰를 통해 "나는 평소 많은 책을 사지만 읽지 못하고 서재에 꽂아만 둔다. 언젠가 은퇴한 뒤 천천히 책을 읽고 싶다."라고 밝혔다.

류창동 매주 1권 이상 책 읽는 류창동(劉强東) 징둥닷컴 회장은 어려서부터 독서를 생활화해 지금도 매주 1권 이상의 책을 읽고 있다. 또한 주변에도 자신이 읽은 책을 추천하고 있다. 류 회장은 월마트 창업자 샘 월튼(Sam Walton)의 저서 『불황 없는 소비를 창조하라(Made in America)』를 추천 도서로 꼽았다. 중국어판에 4,000자의 서문을 적기도 한 그는 "리테일 영업의 비밀은 모두 월마트의 상품 진열대에 있다."라고 설명했다. 자신에게 가장 큰 영향을 준 책으로 류창동은 『예술철학』과 『포레스트 검프』를 꼽았다. 류 회장은 "『예술철학』을 통해 사람들의 서로 다른 수요를 이해하고 인성과 사회에 대해 통찰력을 키웠다."라며 "『포레스트 검프』는 격려와 희망에 대해 알게 해준 책"이라고 밝혔다.

레이쥔 스티브 잡스 책 읽고 창업 결심. 레이쥔(雷軍) 샤오미 회장은 중국 SNS 웨이보를 통해 자신의 독서를 기록하고 공부한 내용을 정리하는 것으로 유명하다. 중국의 한 언론인은 "레이쥔은 책 읽고 공부하기를 너무 좋아한다. 3일만 책을 읽지 않으면 그와 대화를 이어가기 어려울 정도다."라고 밝혔을 정도다. 평소 스티브 잡스를 존경해 온 레이쥔은 빌 게이츠, 스티브 잡스 등의 창업 신화를 다룬 『밸리의 불(Fire in the valley)』이 자신의 인생을 바꾸었다면서, 이 책을 읽고 창업의 꿈을 가졌다고 설명해 왔다. 또한 그는 중국 작가 류츠신(劉慈欣)이 쓴 『삼체(三體)』를 '중국 최고의 공상과학소설'이라고 극찬하면서 "『삼체』를 읽으면서 기업의 3년 5년 후 미래에 대해 철학적 고민을 할 수 있었다"고 밝혔다.

독서는 귀신도 차마 가리지 못한 것을 알게 해주는 도구이다. 또 독서는 수백 년, 수천 년의 산삼 같은 지혜를 우리의 두뇌에게 먹이는 것이라고 이지성 작가는 말한다. 이 얼마나 멋진 표현인가? 고전을 비롯한 역사 속 시간의 관문을 통과한 책을 읽는 것만으로도 우리의 생각에는 변화가 일어난다. 그리고 재미가 있다. 이 무한한 지혜의 산삼을 적은 돈으로 혹은 무료로 우리에게 맛보이고 더 건강할 수가 있는데도 우리는 이 사실을 모르거나 알아도 모른 체하고 살아가고 있는 안타까운 현실이다.

\#.『책을 읽는 사람만이 손에 넣는 것』이라는 책이 있다. 앞으로의 미래권력은 책을 읽는 사람만이 넣게 된다는 말이다. 그 근거는 어디에 있는가? 바로 독서를 하는 사람은 '레고형 사고'를 하기 때문이다. 반대로 독서를 하지 않는 사람들은 필연적으로 '퍼즐형 사고'를 하게 되어 있다. 먼저 퍼즐형 사고는 정해진 틀(사회가 정해준 결과, 그림)에 맞는 퍼즐만 주워서 갖다 맞추기만 하면 된다. 그 어디에도 상상력과 창의력이 필요하지 않다. 반면 레고형 사고를 하면 내게 주어진 수많은 레고 조각을 활용하여 자신이 상상하는 그 어떤 작품이라도 만들 수가 있다. 창의성이 발현될 수가 있다. 독서를 한다는 것은 바로 그 과정에서 수많은 아이디어와 새로운 생각의 씨앗이 발현된다는 것이다. 그 과정에서 독특한 형태의 레고 조각들이 내게 남는 것이다. 그리고 그것들은 모이고 모여서 내가 만들 레고 작품의 한 도구가 된다. 이것만으로도 지금 당장 독서를 시작해 보고 싶지 않은가?

스마트폰을 그만두거나,
인간을 그만두거나

　일본의 어느 대학 졸업식에서 학장은 졸업생들에게 이런 말을 한다. "스마트폰을 그만두거나, 인간을 그만두거나." 이는 너무도 극단적으로 들리기도 하지만 현실의 우리는 이미 다 알고 있다. 스마트폰에 잠식된 우리의 현실을. 독서를 해야 할 시간조차 스마트폰에 빠져서 낼 수가 없다. 이래서는 대학생이란 이름이 아깝다. 이 글을 마치면서 스마트폰과 디지털 기기의 중독으로 방황하는 사람들을 위해 대안을 제시한다. 바로 '밸런스 게임'이다. 이 스마트폰 중독, 게임 중독은 이미 WHO에서는 질병으로 분류했다. 중독은 쉽게 못 끊는다. 그럼 어떻게 해야 할까? 중독과 좋은 습관을 같이 하면 된다. 우리나라의 대표적인 정신과 상담의인 이무석 교수는 자신의 저서에서 자위행위에 중독된 한 군인의 고민 이야기를 통해서 그가 집착하여 삶이 망가지게 하는 지나친 자위란 중독행위에 운동이라는 긍정적 활동을 함께 하라고 권한다. 그랬더니 다음 휴가 때는 얼굴도 밝아지고 한결 편안해진 모습을 보였다고 한다. 중독이란 개념은 우리의 뇌가 그것에 중요성과 재미를 느끼기에 발생한다. 그렇다면 그 자리를 대체할 무언가를 마련하는 게 좋다. 그것을 아래에 소개하려 한다. 끝으로 독자들에게 전하고 싶은 말이 있다. 저자가 첫 책을 냈을 때, 책이 세상에 밝게 널리 퍼졌으면 하는 마음을 담아서 강화도의 마니산에 올라간 적이 있었다. 그때 간절한 마음을 담아서 산에 올랐다. 그리고 책은 좋은 반응을 얻었다. 그리고 다시 8년 만에 두 번째 책이 세상에 나오게 되었다. 이번에도 출간일 전에 마니산을 올라 이 책이 세상에 좋은 영향을 끼치고 파장을 일으킬 수 있는 책이 되게 해달라고 기도하는 마음으로 맨발 걷기로 산을 오를 것이다. 부디 독자들의 질책과 격려를 모두 바란다. 마니산의 기운과 내 마음을 담은 이 책이 먼저 스마트폰에 의해 독자들의 얼어붙은 마음을 깨는 도끼가 되고, 세상에 선한 영향력을 끼치는 돌풍이 되길 바라며 글을 마친다.

1. 독서

독서는 어떻게 중독에서 벗어나게 하는가? 독서는 자기 성찰로서의 역할을 한다. SNS에서 잘나가는 인생들의 사진을 보면서 우리는 열등감과 우울해진다. 그러나 독서를 통해서 우리는 나도 얼마든지 할 수 있다는 자신감과 내 안의 가능성에 대한 희망을 품게 된다.

2. 운동

운동의 어떤 점이 집착에서 벗어나게 돕는가? 스마트폰은 우리의 몸을 경직시킨다. 움직일 수 없게 만든다. 그러다 보면 정신마저 굳고 경직된다. 우리의 몸은 움직여야 한다. 흐르는 강물에 이끼가 끼지 않듯이 고여 있으면 썩고 냄새가 난다. 운동이 순환의 역할을 제공한다. 움직이고 달려라!

3. 글쓰기(일기의 재발견)

하루 한 줄 일기 쓰기라도 어떻게 힘을 발휘할까? 일기는 독서와 함께 멋진 자기 성찰의 도구로서의 역할을 한다. 일기는 숨김없이 있는 그대로의 자신을 드러낼 때 충격과 아픔도 겪지만, 다시 시작해 보자는 은은한 용기와 함께, 있는 그대로의 나를 받아들이고 인정하고 사랑하게 해준다. 일기 쓸 것을 추천한다.

4. 맨발 걷기

중독된 자신을 정화하는 최적/최고의 솔루션은 왜 맨발 걷기인가? 맨발 걷기는 중독된 자신을 중화하는 최고의 치료제이다. 우울증, 강박증, 두려움, 자신감 부족 등 내면의 나약함을 깨는 데 도움을 줄 뿐만 아니라 야성을 깨우는 데 탁월한 방법이다. 적극적으로 권유한다.

추천 도서 : 박동창, 『맨발로 걸어라』

5. 찬물 샤워

찬물 샤워의 순간적인 각성효과에 대하여는 알려진 바가 많다. 순간적인 각성의 효과와 찬물 샤워란 불편한 순간을 끝내고 난 후의 짜릿함과 이겨냈다는 자부심도 생겨난다. 혈액순환과 정신력 강화는 덤으로 따라온다. 인생에 찬물 샤워는 언제나 정체된 자신을 바꾸기에 효과적이다.

추천 도서 : 티모시 페리스, 『타이탄의 도구들』

6. 낭독

잃어버린 나를 찾는 도구이자 자신감과 여유를 덤으로 가져다준다. 낭독은 단순히 소리 내어 읽는 행위를 넘어선다. 내 안의 야성과 거인을 깨우는데 탁월하다. 한 사람의 기세와 에너지를 느끼는 것은 바로 '목소리'와 '눈빛'이다. 목소리에 윤기 있고 힘 있는 사람은 다가서기 힘든 비범함을 느끼게 한다. 나는 '낭독 매니아'다. 매일 운동을 마치고 걸으면서 낭독한다. 평소 얘기하는 목소리 톤보다 2배 이상 크게 말이다. 인생을 바꾸고 싶은가? 낭독이 답이다.

추천 도서 : 진가록, 『낭독독서법』

7. EFT

EFT를 알게 된 당신은 더 이상 실망스럽고 불만스러웠던 과거로 더 이상 돌아갈 수가 없다. EFT는 '감정 자유 기법'이라고 불린다. 동양의 한의

학과 서양의 심리학을 합친 에너지 심리학이다. 우리의 몸과 마음에 일어나는 불편함은 몸의 경락(기가 흐르는 곳)이 막혀서 발생한다. 한의원에서 침을 놓는 자리가 경락 자리이다. 일상에서 우리는 EFT를 활용하여 우리의 손가락을 침으로 여기면서 경락 자리를 톡톡 두드려주는 것이다. 이 행위만으로도 우리의 몸과 마음에서 벌어지는 모든 문제를 해결할 수가 있다. 거짓말 같은가? 말도 안 된다고 여기겠지만 직접 해 보면 알게 된다. 그리고 감정 자유 기법은 온갖 중독과 트라우마, 스트레스로 덮인 우리의 일상에서 우리를 구하고 돕는다.

추천 도서 : 최인원,『5분의 기적 EFT』

부록

아이와 어른을 위한 스마트폰 중독 해결책 :
5단계 접근법

1) 놀이를 되찾아라

> **문제** : 우리가 스마트폰을 끊지 못하는 가장 큰 이유는 대체할 만한 즐거운 경험이 없어서다. "핸드폰 하지 마!"라고만 하면, 결국 더 숨겨서 하거나 몰래 사용하게 된다.

해결책 : 스마트폰보다 더 재밌는 활동을 제공

① 오프라인 놀이 습관화 : 레고, 보드게임, 블록 쌓기, 야외활동, 스포츠 등

② 미디어 없는 하루 만들기 : 하루 1~2시간 스마트폰 없이 놀이하는 습관

③ 부모가 함께하는 활동 : 단순히 "핸드폰 그만해!" 가 아니라, 같이 노는 경험 제공

④ '핸드폰 그만해!' → '이거 한번 해 볼래?'

예시) 스마트폰 없는 놀이 30일 챌린지

⑤ 하루 1개씩 미션 수행(종이로 만화책 만들기, 부모님 인터뷰하기), 나만의 창작 도구 만들기

⑥ 스마트폰 대신 사용할 수 있는 물건(노트, 카메라, 보드게임) 리스트 만들기

2) 스마트폰을 '좋은 도구'로 바꿔라(완전 금지 ×, 현명한 사용법 교육)

> **문제 :** 스마트폰 자체를 금지하면, 결국 몰래 하거나 반발심만 커짐
> 오히려 '어떻게 쓰느냐'가 더 중요

해결책 : 스마트폰을 창작 도구로 활용

① 유튜브 '소비'가 아니라, 자신이 직접 만드는 영상(스토리텔링) 찍기

② 스마트폰으로 사진 찍기 → 직접 스토리북 만들기

③ 스마트폰으로 가족 인터뷰 찍기 → 우리 가족 다큐 만들기

④ 교육용 콘텐츠 먼저 접하게 하기 : SNS, 게임 대신 독서 앱, 오디오 북, 다큐멘터리 영상 추천, 미디어 소비보다 미디어 제작 경험 늘리기

⑤ '핸드폰 무조건 안 돼!' 대신 → '이렇게 활용하면 더 좋아!'로 유도

예시) 스마트폰 크리에이터 도전

⑥ 단순 소비 × → 직접 영상 제작해보기(나만의 다큐, 가족 브이로그)

　독서 습관 + 스마트폰 활용법

⑦ 오디오 북, 전자책 활용법 익히기 → 스마트폰을 공부 도구로 전환

3) 부모도 디지털 롤모델이 되어야 한다(아이는 부모를 보고 자란다)

> **문제** : 부모가 스마트폰을 자주 보면, 아이도 자연스럽게 따라 하게 됨
> "핸드폰 하지 마!"라고 하면서 부모는 계속 핸드폰 보면, 말보다 행동이 중요

해결책 : 스마트폰 없는 시간을 가족 모두 함께 만들기

① 식사 시간에는 부모도 핸드폰 안 보기 → 자연스럽게 대화 유도

② 디지털 규칙을 가족 전체가 함께 정하기

　예시) 취침 1시간 전 스마트폰 OFF

③ '애들은 핸드폰 보면 안 돼!' 대신 → 우리 가족만의 스마트폰 규칙을 정하기

　예시) 스마트폰 없는 식탁

④ 식사 시간엔 가족 모두 핸드폰 금지, 대신 대화 주제 카드 활용(스마트폰 프리 데이)

⑤ 한 달에 하루, 온 가족이 디지털 기기 없이 보내기(보드게임, 산책)

4) 작은 성공 경험 쌓기(스스로 조절할 수 있도록 유도)

> **문제 :** 아이가 스마트폰을 스스로 줄일 수 있다는 경험이 있어야 함
>
> 무조건 "이거 하지 마!" 보다, 작은 목표부터 성공하도록 유도

해결책

① 하루 10분씩 스마트폰 없는 시간 늘려가기

② '하루에 한 번은 스마트폰 없이 밖에서 놀기' 같은 작은 도전 과제 만들기

③ 스스로 사용 시간 줄이기 챌린지 해 보고 성공하면 칭찬

5) 디지털 습관보다 아날로그 습관을 먼저 심어라

> **문제 :** 아이들이 스마트폰을 줄이려면, 대체할 만한 아날로그 습관이 필요
>
> 독서, 글쓰기, 그림 그리고, 운동, 친구들과 어울리는 경험을 늘려야 함

해결책

① 스마트폰 없는 놀이 북 만들기 → 아이가 스스로 선택할 수 있도록

② 스마트폰 없는 하루 가족 미션 수행 → 게임처럼 즐기기

③ 매일 자기 전에 하루 기록하기 → 종이 일기 쓰기, 그림일기 만들기

④ '핸드폰 보지 마!' 대신 → '이걸 먼저 해 보고 싶어질 거야!'로 유도

　예시) 핸드폰 대신 손글씨 쓰기

⑤ 아침 10분, 손글씨로 일기 쓰기(디지털 습관보다 아날로그 습관 먼저)

⑥ 하루 30분 야외활동, 스마트폰 없이 공원 산책, 친구들과 야외에서 노는 습관 만들기

[최종 정리] 아이와 어른을 위한 스마트폰 중독 해결 5가지 전략

1　스마트폰보다 더 재밌는 놀이 경험 제공

2　스마트폰을 무조건 금지하지 말고, 현명한 사용법 가르치고 배우기

3　부모가 먼저 디지털 롤모델이 되어야 한다

4　작은 성공 경험을 쌓아, 스스로 조절하는 힘 기르기

5　디지털 습관보다, 먼저 아날로그 습관을 심기